Konrad Hahm

# Deutsche Volkskunst

AF634920

SEVERUS

Hahm, Konrad: Deutsche Volkskunst
Hamburg, SEVERUS Verlag 2014

ISBN: 978-3-86347-969-5
Druck: SEVERUS Verlag, Hamburg, 2014
Nachdruck der Originalausgabe von 1932

Der SEVERUS Verlag ist ein Imprint der Diplomica Verlag GmbH.

Bibliografische Information der Deutschen Nationalbibliothek:
Die Deutsche Nationalbibliothek verzeichnet diese Publikation in der Deutschen Nationalbibliografie; detaillierte bibliografische Daten sind im Internet über http://dnb.d-nb.de abrufbar.

---

© SEVERUS Verlag
http://www.severus-verlag.de, Hamburg 2014
Printed in Germany
Alle Rechte vorbehalten.

Der SEVERUS Verlag übernimmt keine juristische Verantwortung oder irgendeine Haftung für evtl. fehlerhafte Angaben und deren Folgen.

SEVERUS

# VORBEMERKUNG

Eine Darstellung der deutschen Volkskunst ist heute erst in Umrissen möglich, weil sowohl die Volkskunde wie die Kunstwissenschaft das Gebiet der Volkskunst bis in die letzten Jahrzehnte außer acht gelassen hat. Die folgenden Ausführungen wollen also nur eine Skizzierung des Wesens der deutschen Volkskunst und ihrer Verknüpfung mit Volkstum und Volksbrauch, mit Handwerk und Kunst sein. Die Hinweise auf die fachliche Literatur und der Schriftennachweis führen die wichtigsten Veröffentlichungen über allgemeine Probleme und Einzelthemen der Volkskunde und Volkskunstforschung an. Die im Bildteil gezeigten Gegenstände sind aus der ungeheuren Fülle des Materials als volkskundlich, künstlerisch und technisch anschauliche Beispiele unter besonderer Berücksichtigung des Bestandes der Staatlichen Sammlung für deutsche Volkskunde in Berlin herausgegriffen worden.

Dem Herrn Generaldirektor der Staatlichen Museen in Berlin möchte ich dafür danken, daß er die Herausgabe dieses Buches ermöglicht hat. Es ist für weite Kreise als Einführung in das reiche volkstümliche deutsche Kunstschaffen gedacht, das sich allzulange eine ungerechtfertigte Geringschätzung gefallen lassen mußte.

Berlin, den 17. September 1931 — Konrad Hahm

# INHALTSÜBERSICHT

# E I N L E I T U N G

## Die Volkskunst in der Volkskunde und Kunstwissenschaft

Der Begriff des Volkstums und die von ihm abgeleiteten Begriffe einer Volks- und Völkerkunde, einer Volksdichtung und Volkskunst sind wie alle die Themen und Probleme, die sich aus der Untersuchung und Darstellung von Äußerungen geschlossener Menschengemeinschaften oder eines Volkes ergeben, wenig älter als hundert Jahre. Sie entstehen im 18. Jahrhundert, in den geistigen Strömungen der Aufklärung, als die Feudalzeit von dem demokratischen Zeitalter abgelöst wurde, als sich der Staats- und Bildungsbegriff von den großen Autoritäten, Fürstentum und Kirche, von der ständischen Gliederung und dem kirchlich-klassischen Weltbild loszulösen begann, als neue Auffassungen von Staat, Recht und Bildung und neue weltanschauliche Ideale in den Vordergrund traten. Diese Ideale waren allgemein-menschlicher und internationaler Art. Sie erweiterten den Blick über Standes-, Landes- und Volksgrenzen hinaus zur Erkenntnis der gemeinsamen geschichtlichen, wirtschaftlichen, geistigen und physischen Merkmale der Menschheit. Mit der beginnenden Entwicklung eines Weltverkehrs und einer Weltwirtschaft erhielten die wissenschaftlichen Bestrebungen zur vergleichenden Erforschung der verschiedenen Völker und Rassen und ihres materiellen und geistigen Kulturbesitzes eine vereinheitlichende Richtung. Diese übernationalen Menschheits- und völkerkundlichen Bestrebungen fanden aber bald eine auf die nationale Einstellung gerichtete volkskundliche Ergänzung. Die Mahnung „zurück zur Natur“, die bei Rousseau noch allgemeinen Sinn hatte, wurde durch die romantischen Strömungen in Europa am Ende des 18. Jahrhunderts zu einer Bewegung, die im Wesen und Schaffen des national und regional gebundenen Menschen, also im historisch gewachsenen Volkstum und besonders im anonymen Schaffen der breiten bäuerlichen Volksschichten ein Grundelement schöpferischer Tätigkeit erblickte. Die großen freiheitlichen Literaturkämpfe der Sturm- und Drangperiode fanden in der Volksdichtung ihre stärksten Anregungen. Die Entdeckung der Volksepen, die Begeisterung für Ossian, für die Gestalten Shakespeares, für die Welt des Mittelalters wurde zugleich Anlaß zu einer

Auflehnung gegen die rationalistische Welle der Aufklärung wie zu einer Besinnung auf das organische Wachstum nationaler Gemeinschaftswerte in geschichtlicher, geistiger und wirtschaftlicher Eigenart. Diese neue, mit dem Begriff des Volkstums verbundene und von ihm abhängige Einstellung regte auch die ersten Sammlungen von volkstümlichem Kunstgut an. In England schuf Thomas Percy 1765 die erste Sammlung englischer und schottischer Volkslieder, in Deutschland gab Herder 1778 Volkslieder verschiedener Völker heraus, 1806 erschien die erste große Veröffentlichung deutscher Volkslieder von Achim von Arnim und Clemens Brentano in der dreibändigen Sammlung „Des Knaben Wunderhorn", 1807 und 1818 gab Joseph Görres „Die deutschen Volksbücher" und die „Altdeutschen Volks- und Meisterlieder" heraus; auch die Malerei nahm die Themen der landschaftlichen Naturschilderung und der Volks- und Geschichtsschilderung auf.

Wie Justus Möser in seinen „Patriotischen Phantasien" (1774), so hatte auch Herder diese romantische Bewegung vorbestimmt in seiner Auffassung von einer naturgegebenen Volksseele, die anonym wirkend den geistigen Prozeß einer Nation gestalte und sich nicht rein verstandesgemäß erfassen und lenken lasse. Diese neue Anschauung von den geschichtlichen Triebkräften drängte zu einer weitausgreifenden Erforschung des Volkstums. In Deutschland (aber auch in anderen Staaten wie England, Italien, Skandinavien usw.) begann eine wahre Sammelleidenschaft von Volksüberlieferungen in Glaube und Brauch, Sprache und Mundart, Lied und Märchen, Sage und Heldengeschichte, und im Rahmen einer deutschen Altertumskunde, welche die deutsche Vergangenheit, Gegenwart und Zukunft in eine große geistige Entwicklung zu bringen suchte, fanden sich künstlerische, philosophische, historische und politische Interessengebiete zusammen. Das politisch-historische Gebiet übernahm in Männern wie Jahn[1] und Arndt eine rein vaterländische Mission im Zusammenhang mit der deutschen Einheits- und Freiheitsbewegung im Anfang des 19. Jahrhunderts, und das philologisch-historische wurde durch die Brüder Grimm zu dem großen wissenschaftlichen Bau der Germanistik erschlossen. In dieser Zeit der nationalen Begeisterung und Selbstentdeckung fand besonders die Arbeit der Brüder Grimm starken Widerhall. Die Hebung gesunkener Schätze deutscher Vergangenheit, die Erforschung nationaler Überlieferungen wurde, besonders durch

[1] Das Wort Volkstum bildete Jahn in seiner Schrift „Deutsches Volkstum" (1810) zuerst.

die deutsche Mythologie Jacob Grimms, durch das geistige Bild eines germanisch-nordischen Volkstums, als ethische Mission verklärt.

In diesem großen Rahmen trat auch die Erkundung des deutschen Volkswesens als besonderes Forschungsgebiet hervor, das dann in Wilhelm Heinrich Riehls Werken seine erste wissenschaftliche Abgrenzung und Formulierung[1] erfuhr. Die von Riehl betonte gesellschaftskundliche Einstellung führte zu einer Verschärfung der Begriffsbildungen, und bald erwuchs aus unzähligen Einzelforschungen das Gebiet einer deutschen volkskundlichen Wissenschaft immer mächtiger heraus. In Verbindung mit den Altertumswissenschaften, mit der Sprachwissenschaft, mit der Völkerpsychologie und der Völkerkunde gewann sie neue Maßstäbe und Gesichtspunkte, deren Klärung dann durch eine zusammenfassende Organisation, wie sie Karl Weinhold[2] in dem 1891 gegründeten Verein für Volkskunde und in der Zeitschrift des Vereins für Volkskunde einrichtete, und die durch zahlreiche regionale Forscher und Forschungsgemeinschaften fortgeführt wurde. In der Gegenwart haben u. a. die Arbeiten von Eugen Fehrle, Michael und Arthur Haberlandt, Eduard Hoffmann-Krayer, Otto Lauffer, John Meier, Eugen Mogk, Hans Naumann, Wilh. Peßler, Georg Schreiber und Adolf Spamer der modernen deutschen Volkskunde eine führende Rolle in der internationalen Volkskunde verliehen.

Die deutsche Volkskunde ist heute als ein selbständiges Wissenschaftsgebiet durchgebildet, sie wird allmählich an den Hochschulen verankert und ist in mehreren deutschen Ländern in die Lehrpläne der höheren Schulen aufgenommen worden. Der heute etwa 160 körperschaftliche Mitglieder umfassende Verband deutscher Vereine für Volkskunde (mit etwa 350000 Mitgliedern der verschiedenen Volkskunde-Vereine) hat seit dem Jahre 1929 gemeinsam mit der Notgemeinschaft der Deutschen Wissenschaft den „Atlas der deutschen Volkskunde“ in Angriff genommen. Dieses größte wissenschaftliche Gemeinschaftswerk der Gegenwart will das Forschungsgebiet der deutschen Volkskunde auch über die politischen Grenzen Deutschlands hinaus im Wege einer mehrjährigen Fragebogenarbeit untersuchen und die Ergebnisse in einem Atlaswerk niederlegen.

Sonderbarerweise blieb das Thema Volkskunst, obwohl die volkskundliche Forschung ja von einem Einzelgebiet der Volkskunst, von dem Volkslied, in Bewegung gesetzt wurde, im Laufe der Ent-

[1] W. H. Riehl: „Die Volkskunde als Wissenschaft“. Stuttgart 1859.

[2] K. Weinhold: Was soll die Volkskunde leisten? Zeitschr. f. Völkerpsychologie u. Sprachwissenschaft. Bd. 20, 1890.

wicklung der Volkskunde immer abseits der Betrachtung, jedenfalls soweit es sich um die volkskundlichen Sachgüter handelte. Volkslied und -musik, Volkssprache und -dichtung, Volksbrauch und -glaube wurden innerhalb der Volkskunde in großzügiger Weise behandelt, ohne daß man die Außerachtlassung der gegenständlichen Volkskunst, die doch in engem Zusammenhang mit diesen Gebieten stand, erklärte oder vermißte.

Der Grund dafür, daß die Volkskunst von der Volkskunde wie von der Kunstwissenschaft so lange übersehen wurde, beruht in der Eigenart des Volkskunststoffes selbst, in der Schwierigkeit, eine klare Begriffsbildung dafür zu schaffen und eine historisch prüfbare Entwicklung der Volkskunst zu erkennen. Die Volkskunst in ihrer nationalen soziologischen Gebundenheit erschien als Forschungsgut der Volkskunde, in ihrem europäischen und übereuropäischen Zusammenhang schien sie in die Völkerkunde gehörig. In ihrer formalen und ästhetischen Erscheinung reichte sie sowohl in die Kunstwissenschaft hinein, wie auch in die Prähistorie („Volkskunst ist fortlebende Prähistorie") zurück. Vom Gesichtspunkt des individuellen Kunstwertes betrachtet aber fand man sie ohne genügende geistige Selbständigkeit, weil der klassische Bildungsbegriff mit seinen persönlichen Maßstäben zu der anonymen Geisteswelt der Volkskunst keine Brücke finden konnte. Volk und Kunst erschienen als einander entgegengesetzte Begriffe, solange der Kunstwert von der individuellen und persönlichen Leistung des Einzelnen, des Künstlers, abhängig gemacht wurde. Die Volkskunst erschien als unterpersönlich, als kümmerliche Nachahmung der städtischen Stilgebilde und der künstlerischen Einzelleistungen, weil sie keine „Originale" schuf, sondern in Generationen immer dieselben Motive wiederholte und das, was sie von der hohen Kunst entlieh, anscheinend mit gröblichem Mißverstehen verwendete. Sie bot weder künstlerisch einen schöpferischen Maßstab noch schuf sie wirtschaftlich meßbare Werte. Die Tatsache, daß die Volkskunst unter dem Einfluß der technischen Zivilisation so schnell zugrunde ging, während Kunst und Kunstgewerbe weiterblühten, schien ihre Minderwertigkeit nur zu beweisen. Auch vom historischen Standpunkt aus gesehen, bot die Volkskunst anscheinend ein Bild des Wirrwarrs von Stileinflüssen und von primitivem Formgut; lediglich der Zufall schien in verschiedenen Landschaften eine gewisse Stilabwandlung oder eine Formentwicklung zu veranlassen, aber ohne den organischen Zusammenhang, der aus der Geschichte der hohen Kunst ableitbar war.

Auch der Umstand, daß die Volkskunst in den wenigsten Fällen freie Kunst (Malerei und Plastik), sondern überwiegend angewandte Kunst ist, erschwerte ihre begriffliche Erfassung. Neben den wenigen bäuerlichen und kleinhandwerklichen Malereien ist der bäuerliche Hausbau eine Sondergruppe, die zur Architektur gehört, die Wirtschaftsgeräte sind Werkzeuge, die Bauernmöbel und Volkstrachten, die Kleinkunst, die Schnitzereien, das Spielzeug, die Keramik, die Webereien und Stickereien fallen in das Gebiet des häuslichen oder beruflichen Kunstgewerbes und Handwerks, so daß der älteren Kunstwissenschaft, für die der Begriff „Kunst" schon nicht mehr identisch war mit dem alten Kunstbegriff, der auch das Handwerk einbezog, ein Anspruch auf Kunstwert zu fehlen schien. Aus demselben Grunde zog auch die ältere Volkskunde die Sachgüter nur als vergleichendes Material für die Sprachforschung, für die Erforschung der Volksbräuche und andere volkskundliche Aufgaben heran, ließ aber ihren geistigen und künstlerischen Wert sonderbarerweise außer acht, so daß die großen volkskundlichen Sammelwerke, welche in den letzten Jahrzehnten erschienen sind, fast alle das Kapitel Volkskunst vermieden.

Erst die geisteswissenschaftliche Fragestellung, die Frage nach dem Wesen der Kunst und nach der Einheit des schöpferischen Lebensprozesses in Volk und Menschheit, hat die jüngere Volkskunde, Völkerkunde und Kunstforschung auf das Thema der volkskundlichen Sachgüter und auf ihre Bedeutung im Rahmen der Gesamtkunst hingelenkt und hat das Problem der Volkskunst endgültig in die Forschung eingeführt.

Die Volkskunst fand also als Gesamterscheinung erst am Ende des 19. Jahrhunderts eine Beachtung, zunächst durch einzelne Sammler und Liebhaber. So wurde im Jahre 1873 durch Arthur Hazelius das Nordische Museum zu Stockholm gegründet als eine Sammlung von Dokumenten aus der Volkskunst der skandinavischen Völker, das heute älteste und größte Institut zur Erforschung und Darstellung einer nationalen Kultur. Der Antrieb dazu war nicht ein ästhetisches oder wissenschaftliches, sondern ein moralisches Erlebnis. Es war die Erkenntnis vom unaufhaltsamen Zusammenbruch der alten heimischen, besonders der bäuerlichen Kunst und Kultur durch das Eindringen der Maschinenarbeit. Als Hazelius Teile seiner Sammlungen, die mit Unterstützung der Krone und weiter Volkskreise entstanden, im Jahre 1878 auf der Pariser Weltausstellung zeigte, in einer Zeit des stärksten Bildungs- und Wirtschaftsindividualismus, erregten sie dennoch ungeheures Aufsehen. Die Berichte der Weltpresse darüber fachten das Interesse für Volkskunde und Volkskunst überall an und setzten die große Welle der Heimat- und Volksmuseen in Bewegung. Dem Beispiel Hazelius' (er schuf zugleich in der auf Skansen errichteten Abteilung „ländlicher Hausbau" einen neuen Museumstyp, das Freilichtmuseum) folgten zunächst die skandinavischen Staaten, die heute nicht nur in den vier Hauptstädten, in Stockholm (Nordiska Museet und Skansen), in Oslo (Norsk Folkemuseum, gegründet 1894), in Kopenhagen (Dansk Folkemuseum, gegründet 1879) und Helsingfors (Finnisches Nationalmuseum, gegründet 1877), ihre großen Volksmuseen, sondern auch in den Provinzen vorzügliche Heimat- und Freilichtmuseen haben. Aber auch in anderen europäischen Staaten und Volksgebieten wurden (zum Teil in Verbindung mit ihren politischen Unabhängigkeitsbestrebungen) nationale Volksmuseen mit volkskundlicher Mission errichtet, so in Belgien, Bulgarien, England, Estland, Holland, Jugoslawien, Lettland, Österreich, Polen, Rumänien, Tschechoslowakei, Ungarn. In Deutschland wurde im Jahre 1888 auf Anregung von Rudolf Virchow das erste Museum für deutsche Volkskunde und Volkskunst in Berlin gegründet, die heutige Staatliche Sammlung für Deutsche Volkskunde.

Dieser neue Museumszweig, der der Gesamterscheinung bodenständiger Kultur und ihren volkstümlichen Äußerungen gewidmet ist, entwickelte sich neben den kunsthistorischen Fachmuseen internationaler Einstellung und den gleichfalls neu entstehenden Geschichts-, Altertums-, Kunstgewerbe- und Völkerkundemuseen nur langsam. Er wuchs aber in Deutschland dank seiner vielfältigen Volkseigenart zahlenmäßig um so rascher in der Provinz und auf dem breiten Lande, wo, unterstützt durch die Heimatbewegung, durch die Altertums-, Geschichts-, Volkskunde- und Heimatschutzvereine, in den letzten Jahrzehnten immer neue Kleinmuseen entstanden, die im Typ des Heimatmuseums, wie ihn beispielhaft Otto Lehmann im Altonaer Museum schuf, eine inhaltliche Beschränkung und ideeliche Abgrenzung erhielten. Heute gibt es im deutschen Sprachgebiet gegen 2000 Heimatmuseen. Gerade diese Museen haben sich der Volkskunst (die in den großen Geschichts-, Kunst- und Kunstgewerbemuseen keine Berücksichtigung fand) angenommen, und sie bergen heute ein noch größtenteils unbearbeitetes riesiges Material von Dokumenten deutscher Volkskunde, Volkskunst und Handwerkskunst, das durch die Vereinigungen der Heimatmuseen oder andere

Stellen, wie z. B. durch den Bayerischen Landesverein für Heimatschutz[1], wissenschaftlich und volksbildnerisch erschlossen zu werden beginnt. Nur in zwei Fällen haben sich Museen unmittelbar auf die Darstellung heimatlicher Volkskunst beschränkt: das Museum für sächsische Volkskunst (Oskar-Seyffert-Museum) in Dresden und das 1929 eröffnete Tiroler Volkskunstmuseum in Innsbruck.

Wie also anfänglich die Würdigung von Volkskunst der Kulturvölker gewissermaßen nur zaghaft erfolgte, durch Liebhaber und durch vereinzelte öffentliche Sammlungen, so entwickelte sich auch das Interesse der beiden Wissenschaftsgebiete, der Volkskunde und der Kunstwissenschaft, in deren Rahmen die Volkskunst gehört, nur langsam, ebenso wie die Erkenntnis, daß das seelische Gesamtbild eines künstlerischen Volksschaffens nicht nur aus der hohen Kunst abgeleitet werden kann. Erst die Entdeckung der vorgeschichtlichen nordischen, der vorgriechischen und vorägyptischen Kulturepochen erweiterte den von der Renaissance her noch an das Wesen der griechisch-römischen Mittelmeerkultur gebundenen Kunstwertbegriff. Die Erschließung der asiatischen Kunst und der Kunst der Naturvölker durch die Völkerkunde verstärkte die Umwertung in der Einschätzung künstlerischer Gestaltung und Formbildung. Die Frage nach dem Ursprung der Kunst und nach ihren Entwicklungsgesetzen verwies auf das Studium der menschlichen Gesamtkulturgeschichte, und für diese neue entwicklungsgeschichtliche Fragestellung in der Kunstforschung zeigte sich auch die Volkskunst als unumgehbares und für die Einsicht in die kulturgeschichtlichen Zusammenhänge sehr aufschlußreiches Forschungsmaterial. Aber auch die moderne Kunst selbst zog die Volkskunst als Beweismaterial für ihre Ziele heran. Das von Franz Marc herausgegebene Kampfbuch „Der blaue Reiter" (1908), das die Thesen des Expressionismus im Streit um die Revolutionierung der Kunst zusammenfaßt, stützte seine Hauptargumente in einer bemerkenswerten Wiedergeburt romantischer Ideologie ebensosehr auf die Kunst Ostasiens oder Altmexikos, wie auf die Beispiele deutscher und russischer Volkskunst und die Kunst der Naturvölker. Diese Erkenntnisse vermittelten auch eine stärkere literarische Behandlung der Volkskunst im Rahmen der volkskundlichen Abhandlungen und in kunstwissenschaftlichen und völkerkundlichen Spezialarbeiten,

[1] Führer durch die Bayerischen Orts- und Heimatmuseen (Verlag Filser, Augsburg). 1. Feuchtwangen, 2. Lindau.

denen sich bald zusammenfassende Veröffentlichungen anschlossen. Die meisten dieser Schriften zeigen in ihren Titeln[1] die umfangreichen Beziehungen, die das Thema Volkskunst zu anderen Forschungsgebieten aufweist und die Schwierigkeiten seiner begrifflichen Grenzsetzung.

Als von allgemeiner Bedeutung für die deutsche Volkskunstforschung sind hauptsächlich die Schriften von Alois Riegl, Michael und Arthur Haberlandt, Wilhelm Spieß und Adolf Spamer hervorzuheben. Versuche einer zusammenfassenden Darstellung der deutschen Volkskunst sind die nach regionalen Gesichtspunkten von Edwin Redslob herausgegebene Bücherreihe „Deutsche Volkskunst"[2] und das von der Deutschen Buchgemeinschaft 1928 herausgegebene Buch „Deutsche Volkskunst" von Konrad Hahm. Eine Zusammenfassung der Problemstellungen in der Volkskunstforschung bringt das von Wilhelm Fraenger herausgegebene Jahrbuch für historische Volkskunde, Band II, 1926, „Vom Wesen der Volkskunst". Ein umfangreiches Abbildungswerk für vergleichende internationale Volkskunstforschung ist die 1926 erschienene Veröffentlichung von H. Th. Bossert: „Volkskunst in Europa". Als erste und einzige deutsche Zeitschrift, die sich planmäßig der Volkskunstforschung angenommen hat, ist die von J. M. Ritz geleitete Zeitschrift „Bayerischer Heimatschutz" zu nennen.

Wie stark das Thema der Volkskunst auch in der internationalen Forschung hervortritt, zeigt das Interesse der Völkerbundskommission für geistige Zusammenarbeit, auf deren Veranlassung im Jahre 1928 in Prag der erste internationale Volkskunstkongreß stattfand, dem 1930 in Antwerpen ein zweiter folgte. An der in Prag gebildeten Internationalen Volkskunstkommission sind heute Kommissionen aus 25 Staaten, darunter auch eine Deutsche Volkskunstkommission, beteiligt.

[1] Alois Riegl, Volkskunst, Hausfleiß und Hausindustrie, Berlin 1894; Rudolf Mielke, Volkskunst, Magdeburg 1896; Oskar Schwindrazheim, Deutsche Bauernkunst, Wien 1903; Heinrich Sohnrey, Kunst auf dem Lande, Bielefeld 1905; Michael Haberlandt, Österreichische Volkskunst, Wien 1911; Hans Tietze, Volkskunst und Kunst in „Die bildenden Künste", Bd. II, Wien 1919; Karl Spieß, Bauernkunst, ihre Art und ihr Sinn. Grundlinien einer Geschichte der unpersönlichen Kunst, Wien 1925; Max Picard, Expressionistische Bauernmalerei, München 1918; Hans Karlinger, Grenzen der Volkskunst in „Bayerischer Heimatschutz", Jahrg. XXII, München 1927.

[2] Im Delphin-Verlag, München, seit 1924, s. Schriftennachweis!

ERSTER ABSCHNITT

# Wesen und Begriff der Volkskunst

Das Wort Volkskunst gilt heute noch als vieldeutiger Sammelbegriff für alles das, was nicht der hohen Kunst oder dem höheren Kunsthandwerk angehört. Die beiden Begriffe Volk und Kunst wirken darin zusammen und vermitteln zunächst eine mehr gefühlsmäßige als logische Bestimmung. Die Schwierigkeit einer Klarstellung kommt nicht so sehr von dem Begriff Kunst, wie von dem Begriff Volk. Der Begriff Volk ist, auf künstlerische Leistungen angewandt, schwer zu fassen, weil ja die verschiedenen Volksschichten verschiedene Anteile am geistigen Werk einer Nation haben. Nicht jeder Künstler ist ein Volkskünstler, und nicht jede Gestaltungsarbeit eines Volksgenossen ist ein Kunstwerk. Hier stehen ästhetischer Wertbegriff und gesellschaftliche Bezeichnung einander gegenüber. Die Klärung dieser Schwierigkeiten wird also zunächst von einer Bestimmung des Begriffes Volk abhängen, dann aber auch von einer Klärung des Begriffes Kunst.

Der Begriff Volk ist hierbei nicht ein politischer Begriff oder ein sozialer, sondern ein biologischer. Er bedeutet für die volkskundliche Auffassung, die hier maßgebend ist, nicht so sehr die Gesamtheit des Volkes, als vielmehr die breite Grundschicht in Land und Stadt, aber auch die Unterschichtigkeit in allen Schichten des Volkskörpers, wie sie überlieferte Wirtschafts- und Gesellschaftsformen, Glaube und Brauch, aber auch Rasse und Stammesart für jedes Einzelglied der Volksgenossenschaft ergeben. Die Vertreter solcher zusammenfassenden volkstümlichen Eigenarten sind nicht die hervorragenden Einzelpersönlichkeiten, sondern die Gruppenpersönlichkeiten. Ihre Merkmale sind nicht die individuellen abweichenden Einzelerscheinungen, sondern die typischen übereinstimmenden Formen, in der sie ihrer Eigenart Ausdruck verliehen haben, das Bauerntum in anderer Form als das Stadtvolk, die Niedersachsen anders als die Bayern. Dabei wird natürlich diejenige Volksschicht zum Hauptträger des volkstümlichen Ausdrucks, die dem geschichtlichen Wechsel in Wirtschaft, Handel, Gesellschaft und Bildung am meisten entzogen ist: das Bauern- und Landvolk, dessen Streben nicht so sehr auf immer neue Erfindung und individuelle Gestaltung, sondern auf Bewahrung und Fortführung altererbter und erprobter Werte gerichtet ist.

Dieser Volksbegriff ist also ein Gemeinschaftsbegriff, der dem alten Kunstbegriff, unter dem man ein freies und individuelles Schaffen verstand, entgegengesetzt zu sein scheint.

Aber wie vor 100 Jahren in der Romantik die Beziehung zwischen Volkstum und Dichtung ein Hauptelement der Literaturgeschichte wurde, so ist die Beziehungsetzung zwischen Volkstum und Kunst in ihrer geschichtlichen und soziologischen Verknüpfung ein Grundzug der modernen Kunstforschung geworden. Wir werden also in dem Begriff Kunst nicht mehr die rein ästhetische Bewertung und den l'art pour l'art Begriff zum Maßstab nehmen, sondern die künstlerische Betätigung des menschlichen Formwillens auf Grund einer ganz bestimmten Verflochtenheit mit Entwicklung, Umwelt und Zweckbestimmung. Die Lebensbedingungen der Volkskunst sind (wie die der Kunst überhaupt) innig an die geistige Welt ihres Erzeugers und Verbrauchers gebunden, ihre verschiedenartige Ausdrucksform entspricht dem Ausdruckswillen der verschiedenen Volksschichten. Auch die hohe künstlerische Einzelleistung gewinnt ja erst im Rahmen ihrer Beziehung zu Heimat, Volk und Menschheit über den persönlichen Zweck hinaus allgemeine entwicklungsgeschichtliche Bedeutung.

## Träger der Volkskunst

Alois Riegl, der als erster eine Definition des Begriffes Volkskunst versucht hat, weist auf die tiefen ethischen Beziehungen zwischen Wirtschafts- und Lebensform, zwischen Überlieferung und Gestaltung hin. In seiner Schrift „Volkskunst, Hausfleiß und Hausindustrie" erklärt er das Wesen der Volkskunst als eine Kunstübung, die eine Summe von traditionellen Kunstformen enthält, welche sämtlichen Angehörigen eines Volkes zu eigen sind. Sie dürfen nicht nur *einer* Gesellschaftsklasse, etwa der wohlhabenden Oberschicht angehören, sondern müssen von allen Volksangehörigen verstanden und ausgeübt werden, „die Tradition ist die richtige und unentbehrliche Lebenskraft für die Volkskunst". Wirtschaftlich sieht er das Merkmal der Volkskunst in der eigenen Herstellung für den eigenen Gebrauch, in Gegenständen, die nicht als Handelsware gedacht und für den Hersteller geldlich unbewertbar sind.

Riegl beschränkt also das Gebiet der Volkskunst auf das reine Hauswerk, wie es heute nur noch in wenigen Gegenden Europas oder bei den Naturvölkern anzutreffen ist. Man dürfte auf Grund dieser Beschränkung alles das, was zum Handwerk gehört oder im wirtschaftlichen Wettbewerb als heimatliches Kunstgewerbe entsteht, die Arbeit des Zeugdruckers ebensowenig wie das Werk des dörflichen Kirchenmalers, nicht mehr als Volkskunst ansehen, eine Auffassung, die nicht haltbar ist. Wenn man wie Riegl in der Traditionsbildung das Lebenselement erblickt, kommt man zu der weiteren Frage, welches die geistigen Voraussetzungen solcher Traditionsbildung sind. Nicht allein die bloße Weitergabe einer Überlieferung, sondern ihre Lebendighaltung durch eine bestimmte geistige Einstellung und Gebundenheit ist das Ausschlaggebende. Die Untersuchungen von E. Hoffmann-Krayer[1] und Eugen Mogk[2] haben wesentlich dazu beigetragen, diese volkskundliche Fragestellung nach den geistigen Bedingungen des Volksschaffens zu vertiefen. Hoffmann-Krayer führt mit Recht die Tatsache der Volksläufigkeit eines Liedes, einer Sachform oder Kunstform darauf zurück, daß die breite Unterschicht des Volkskörpers geistig weniger differenziert sei als die Oberschicht und deshalb eine größere Einheitlichkeit des Niveaus und seiner Leistungen aufweist. Noch eingehender hat Mogk die geistigen Voraussetzungen der volkstümlichen Erscheinungswelt formuliert, wenn er die Volkskreise, denen noch die assoziative Denkweise im Gegensatz zu der logisch reflektierenden Denkweise der intellektuellen Oberschicht zu eigen ist, als Träger von Volksgut aller Art bezeichnet. Diese psychologische Definition erfaßt auch das, was in den verschiedenen Volksschichten als Volksgut erkennbar ist, das Hauswerk und Handwerk, die freie Volkskunst in Malerei, Bildnerei und Bau, ebenso wie die Kinderkunst oder die heutige volkstümliche Massenware.

Die Beziehungen zwischen den Leistungen von Oberschicht und Unterschicht eines Volkes hat John Meier in seinen Untersuchungen auf dem Gebiet des Volksliedes und Hans Naumann[3] in seiner Theorie der primitiven Gemeinschaftskultur behandelt. Naumann unterscheidet im volkskundlichen Forschungsgut, also auch in der Volkskunst, zwei Schichten: das gesunkene Kulturgut, das aus der gesellschaftlichen Oberschicht eines Volkes in die Unterschicht gesunkene Gut ideeller und sachlicher Art, und das der Unterschicht eigene primitive Gemeinschaftsgut, das, von der geschicht-

[1] E. Hoffmann-Krayer: Die Volkskunde als Wissenschaft, Zürich 1902.

[2] Eugen Mogk: Wesen u. Aufgabe der Volkskunde, in Mitt. d. Verb. deutsch. Vereine f. Volkskunde, Nr. 6, 1907.

[3] Hans Naumann: Primitive Gemeinschaftskultur, Jena 1921.

lichen Entwicklung wenig beeinflußt, vererbt wird, Grundtypen der Erscheinung und Formung, die in den verschiedenen menschlichen Kulturkreisen ziemlich übereinstimmen. So richtig auch die Feststellung dieser Wechselwirkung von Oberschicht und Unterschicht ist und weitgehende geistige Einblicke bietet, so dürfte doch die Frage nach der Urform des primitiven Gemeinschaftsgutes nur schwer und selten zu beantworten sein, andererseits ist die Gefahr eines Werturteils naheliegend. Wie John Meier[1] kritisch dazu bemerkt, vollzieht sich dieser Austausch nicht nur von oben nach unten, sondern auch umgekehrt. Manches Kulturgut der Oberschicht ist gestiegenes Volksgut, und auch dem primitiven Gemeinschaftsgut wohnt schöpferische Qualität und aufbauende Kraft inne, was auch Naumann in der Wortverbindung „Gemeinschaftskultur" zum Ausdruck bringt. Wir werden also mit dem Begriff des Primitiven nur eine zeitlich sachliche Abgrenzung und kein einseitiges Werturteil verbinden dürfen.

Auch eine Trennung von Oberschicht und Unterschicht ist als schematische Gliederung nicht durchführbar, weil beide Energieschichten im Volkskörper polarisch aufeinander wirken und ineinander verwachsen.

Wenn wir nun über diese begriffliche Untersuchung der Beziehungen von Volkstum und Kultur, von assoziativ empfindender Grundschicht und intellektueller Oberschicht, hinaus das Wesen der Volkskunst in ihrer Entstehung und Verwendung erkennen wollen, müssen wir es am Träger der Volkskunst tun.

Träger der Volkskunst ist nicht nur der Erzeuger wie beim reinen Hauswerk, wo er zugleich der Verbraucher ist, sondern auch der Verbraucher, der volkstümliche Gestaltungswerte aufnimmt und in seinen Lebenskreis einbezieht. Dieser Träger der Volkskunst steht, wie beim Volkslied, im Gegensatz zum Träger der hohen Kunst, meist außerhalb der Volksschichten, die an der individuellen Auseinandersetzung des Einzelnen mit dem Weltbild, am geschichtlichen Fortschritt und am sozialen Wandel beteiligt sind. Besonders die bäuerliche und kleinstädtische Unterschicht, der Haupterzeuger und Träger der Volkskunst, hat jahrhundertelang in denselben wirtschaftlichen und geistigen Verhältnissen gelebt, in Wirklichkeit nur wenig

[1] John Meier: Wege und Ziele der deutschen Volkskundeforschung, in: Deutsche Forschung, Aus der Arbeit der Notgemeinschaft der deutschen Wissenschaft, Berlin 1928.

verschieden von manchen kulturell hochstehenden Naturvölkern. Die enge Verbindung mit der Natur, die Abhängigkeit vom Walten unsichtbarer und unfaßbarer Mächte, von der Gesetzlichkeit des Naturablaufes, hat nicht die freie subjektive Kritik, sondern die gebundene Übernahme von uralten Erfahrungswerten ausgebildet. Wie die Natur nur Typen schafft, so ist auch der Gestaltungsdrang des an die Natur so unmittelbar gebundenen Menschen auf die Herausbildung von Typengut gerichtet, von Formtypen im Sachgut wie im geistigen Gut, in Gewerbe und Hausbau wie in Lied, Märchen, Sage und Brauch. Er sucht das Bestehende zu erhalten, das Wandelbare zu vermeiden. Wie in der hohen Kunst ist auch in der Volkskunst der Wille, sich mit den Lebensfragen auseinanderzusetzen, das treibende Element, auch die Gegenstände der Volkskunst und ihre Ornamente sind realisierte Gedanken, aber es sind nicht so sehr Einzel- als Gemeinschaftsgedanken. Für dieses Gemeinschaftsdenken bietet die Welt der Volksbräuche und des Volksaberglaubens den breiten psychologischen Hintergrund.

## Volksbrauch und Volkskunst

Der Volksglaube hat im Volksbrauch ein System von Segens- und Bannestätigkeit zur Abwehr der bösen Gewalten und zur Stärkung der guten Mächte geschaffen. Im alten bäuerlichen Jahreslauf und -brauch zeigt sich eine ständige Fortsetzung von Beschwörungsvorgängen, von kultischen Handlungen, von magischer Deutung, von Täuschungszauber und Opferwesen. Auch im Lebensablauf, von der Wiege (Textbild 1) — die selten ohne Schmuck ist (seien es christliche Symbole, wie die Monogramme von Jesus und Maria, oder heidnische Dämonenabwehr, wie der Drudenstern oder die Fratze eines Dämons, die auch an Bienenstöcken, Mühlen, Pressen, Faßriegeln usw. erscheinen) — bis zum Hausbau, der die gleichen Segens- und Bannessymbole über den Türen, auf den Firstbalken, am Hoftor enthält, und bis zu den Totenbräuchen waltet immer dieselbe Fürsorge: zu schützen. Es werden immer wieder dieselben Symbole christlicher oder abergläubischer Herkunft auf allen Werkstoffgebieten mit unverkennbarer Absicht verwendet. Der Bauernkalender vom Jahre 1913 zeigt immer noch als Hauptmerkmal den Tagesheiligen über dem Datum (Textbild 2). Die alten Berchtesgadener Tischler gaben kein Bett heraus, ohne darein ein Pentagramm (Fünfstern) geschrieben zu haben. Ohne Zweifel sind diese Schmuckmotive zu einem großen Teil

1. Wiege aus Tirol

ursprünglich und heute noch Formeln eines Weihegedankens. Aus Tausenden von Beispielen zeigt das besonders eine Schilderung aus dem Saterlande[1], wo über die Anwendung eines Hauptmotives in der Volkskunst, des Lebensbaumes, gesagt wird: „In einer Ecke der Brautlaken, welche der Bräutigam mitbekommt, wenn er aus dem elterlichen Haus in einen fremden Hof einheiratet (und nur dann), stickt man mit bunten Fäden einige Blumen auf einen Baum, auf dessen Wipfeln und reichbelaubten Ästen Hähne (eine leicht verständliche Symbolik) sitzen. Zu beiden Seiten des Stammes stehen die Anfangsbuchstaben seines Tauf- und Familiennamens. Ebenso sticken die Mädchen auf ihre Aussteuerhemden am Halse auf jede Seite je einen Baum und die Buchstaben ihres Namens. Es ist der Schicksals- oder Lebensbaum der jungen Leute selber gemeint, der aus dem heimatlichen Boden verpflanzt, künftig auch im neuen Wohnsitz grünen, wachsen und Früchte bringen soll.“

Das Wesen des Volksbrauches ist die strenge Wiederholung und Weitergabe ererbter Erfahrungen und Glaubenswerte. Ihre Weitergabe erfolgt aber nicht nur aus Nützlichkeitsgründen oder aus Erfindungsarmut, sondern der Brauch erhält durch die ständige

[1] W. Mannhardt: Wald- und Feldkulte, Berlin 1875, I. Teil, S. 46.

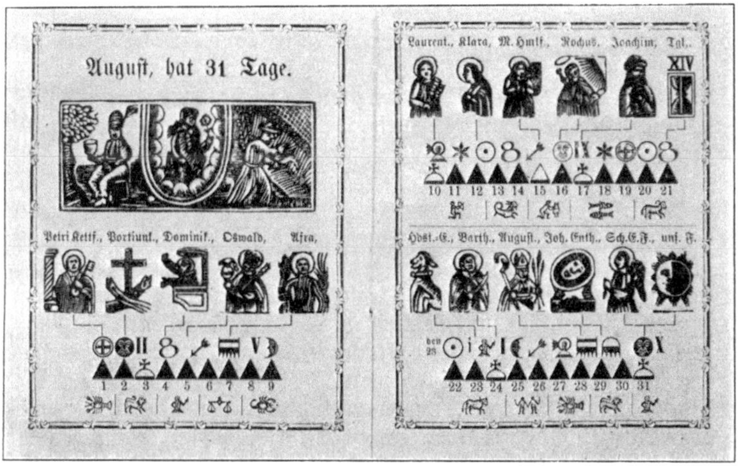

2. Bauernkalender aus Graz von 1913

Gemeinschaftsübung einen überpersönlichen Willenswert. Er wird zur Zeremonie und zum Machtfaktor, der über sich hinaus wirken und dem mechanischen Kreislauf der Schicksalsgewalten eine geistige organische Kreislaufzeremonie des Gemeinschaftsglaubens gegenüberstellen soll.

In diesem Zusammenhang muß von der Volkskunstforschung alles das stärker beachtet werden, was in unmittelbarer Verknüpfung mit dem Brauch entsteht, wie etwa die Festgeräte, die Brautgaben und alle die Gegenstände, die nicht zum „gesunkenen Kulturgut“ gehören, sondern zum Grundgut der volkstümlichen Darstellung.

Man muß sich immer wieder vergegenwärtigen, daß außer den reinen Nutzgeräten der überwiegende Anteil des bäuerlichen Hauswerks und des Kleinhandwerkes im Dienste und Auftrage überlieferter Gesellschaftsformen und -bräuche entsteht: Das Hinterglasbild für den Herrgottswinkel, die Votivgaben, das gesamte Gebiet der religiösen Volkskunst, die Ausdrucksmittel der Jahres- und Lebenslaufbräuche, das Gebäck und die Spielmaske, der Patenbrief und die Totenkrone, weiter die Volkstrachten und ihre Sondererscheinungen in Fest- und Berufstracht sowie ihre Schmuckteile. Auch die Möbel werden (wie das immer Initialen und Datum anzeigen) ebenso wie das Kleingerät, die Spinnrocken, die Webebretter und alles, was der junge Mann für die Auserwählte selbst herstellt, für einen bestimmten Anlaß, meist für den neuen Haushalt oder für andere Gelegenheiten im Dienste des wirtschaftlichen oder geistigen Gefüges geschaffen. Der Zufall und die freie Erfindung ist also sehr stark ausgeschaltet, nicht nur materiell, sondern auch ideell, und die Zweckgebundenheit überwiegt. Die Eigenart der Volkskunst beruht deshalb nicht nur auf einer zufälligen geschmacklichen Leistung, auf einer beständigen handwerklichen Überlieferung allein, sondern entspringt einer ganz bestimmten, im Brauchtum verwurzelten Anschauungswelt, einer kulturellen und geistigen Formgesetzlichkeit. Man muß diese Zusammenhänge mit dem Wesen des Volksbrauches und Volksglaubens, mögen sie sich auch hauptsächlich auf die alte bäuerliche Volkskunst beziehen, maßstäblich in den Vordergrund der Betrachtung stellen, denn neben dem allgemeinen menschlichen Formtrieb liegen hier die besonderen Triebkräfte zur bewußten und gesellschaftlich-gebundenen Kunstübung, und sie erst bilden die geistige Grundlage der Volkskunst, über die wirtschaftlichen Ursachen, die Riegl hervorhebt, hinaus.

## Darstellungsform und Darstellungsinhalt

Der enge Zusammenhang zwischen Volksbrauch und Volkskunst zeigt sich nicht nur in ihrer unmittelbaren sachlichen Verbindung, sondern auch in ihrem gleichartigen Darstellungswillen. Auch die Volkskunst (besonders in ihrem Kernbereich, der im Auftrage des Brauches entsteht) ist strenge Wiederholung ererbten Formgutes und Formwunsches. Die geistige Ornamentik der Volksbräuche setzt sich in der Volkskunst, die ihnen dient, auch nur in Ornamentik, in gebundene Darstellung um, nicht in freie Gestaltung, die gar keinen Sinn haben würde. Brauchform wird zur formelhaften Sinnform, weil sich die Ideenwelt der Bräuche nicht logisch darstellen, sondern nur versinnbildlichen läßt. Bei allen primitiven Kulturen, und nicht nur dort, ist der Schmuck auch eine geistige Kraft, ein Schutzmittel und eine Machtsteigerung. Ebenso ist in der Volkskunst die Vorliebe für stark ornamentale, wiederholende, formelhafte Gestaltung nicht nur in der allgemeinen primitiven Neigung zu schmücken, zu vereinfachen und zu stilisieren begründet, sondern erfüllt deutlich die Aufgabe, ungeweihte Stoffe zu weihen, sie in eine innerlich belebte Atmosphäre hineinzuziehen und damit eine Schutz- und Segenswirkung auszuüben.

Der Formwille, der auf dem Gemeinschaftsboden des Geschmakkes, der handwerklichen Überlieferung, der überlieferten Glaubens- und Gestaltungsvorstellungen erwächst, erhält nicht nur die alten Motive und Kunstformen, sondern wirkt auch schöpferisch. Er bildet auch diejenigen Fremdformen um, die aus der Stadt und aus anderen Kulturschichten in die Volkskunst eindringen, und es hat den Anschein, als ob die „naive" Sicherheit, mit der die Volkskunst städtische Stilelemente, individuelle Bildungen, zu volksläufigen Formen, zu Massengut umbildet, aus dem alten Grundgut stammt, das ebenso wie Volksglaube und Volksbrauch seine Wurzeln in frühgeschichtlicher Zeit hat. Dieser Umbildungsprozeß der städtischen Einflüsse, des „gesunkenen Kulturgutes", wird von den alten Hauptmotiven der Volkskunst, die dem primitiven Gemeinschaftsgut angehören und deren Ornamente mit den Sinnbildern und Schmuckformen der Volksbräuche so stark übereinstimmen, beherrscht und beeinflußt. Hier liegt die treibende Kraft des volkstümlichen Formwillens. Auch die „freie" darstellende Volkskunst erhält ihre Stilgesetzlichkeit noch von der Ornamentik. Die Verwendung dieser alten Motive, die Kollektivbesitz geworden sind, erfolgt mit unbeirrbarer Zähigkeit über Jahrhunderte hin; sie erscheinen am einfachen Hausgerät, in den Hirtenschnitzereien, auf den Erzeugnissen des Handwerks, am Bau- und Hausschmuck, am Kultgerät ebenso wie an dem städtisch beeinflußten Formgut bis ins 19. Jahrhundert hinein, nicht als Ausdruck von Erfindungsarmut, sondern als bewußte Übung.

Hier zeigt sich deutlich die Grenze zur hohen, zur freien Kunst. Von dort aus gesehen erschien die Volkskunst als zweckgebundene und unschöpferische Leistung, vom Boden des Trägers der Volkskunst gesehen aber ist sie als organischer Ausdruck seiner Vorstellungen erkennbar.

Auf dieser Beobachtung beruht auch die bekannte Gegenüberstellung: Stilkunst ist Persönlichkeitskunst, Volkskunst ist unpersönliche Kunst. Dieser Charakter des Unpersönlichen tritt natürlich überall dort hervor, wo im Rahmen einer langen Überlieferung derselbe Schmucktyp immer wieder durchgeführt wird, wo die Produktion geschlossener Kreise als reines Hauswerk vorliegt, oder wo mit einer gewissen Abgeschlossenheit bäuerlichen Wesens oder bestimmter Berufsbräuche sich eine konservative Strenge der Formüberlieferung verbindet. Diese Hauptmerkmale der Volkskunst, die strenge Formung und Normung, die Beschränkung der Schmuckmotive, die Vermeidung von freier Schilderung, das mangelnde

Bewußtsein von Autorschaft und Urheberschaft, das Fehlen des Autorsignums, die Unterstreichung des Erbbegriffes durch Eigentümersignum und Datum des Anlasses der Entstehung, schließen jedoch nicht die persönliche Note aus. Auch hier ist stets ein gradueller Unterschied von Gutem und Schlechtem, von höherer oder geringerer Ausdrucksfähigkeit vorhanden, und besonders wo das Handwerk – in der Töpferei, in der Weberei, in der Schnitzerei, in der Malerei usw. – Produzent von Volksbedarf wird, erweitert sich der Spielraum zwischen typischem Allgemeingut und persönlicher Gestaltung, wie etwa von den üblichen Spielzeugschnitzereien bis zum Kruzifix des Oberammergauer Schnitzers (Abb. 31), in das er bei aller Normung des Arbeitsvorganges und steter Wiederholung dieses Kruzifixes doch ganz persönliche Geschmackswerte hineingearbeitet hat. Für das Wesen der Volkskunst ist also die künstlerische Wirkung wie bei aller Kunst auch von der individuellen Behandlung abhängig. Auch das Volkskunstwerk umfaßt Persönliches. Der Schreiner Gerbing in Breitenau (Franken) beschnitzt, seiner persönlichen Begabung folgend, um 1800 im Gegensatz zur Zeitübung seine Möbel, die sonst allgemein bemalt werden[1]. Es ist auch bei der Volkskunst der Einzelne, der im Vordergrund des traditionellen Schaffens steht und erfindet, „denn der Wille und der Glaube, etwas Besonderes, Eigenartiges, von anderen nicht Gekonntes und noch nicht Erdachtes zu erschaffen, die Fachgenossen zu übertrumpfen und mit der Zeit zu gehen, ist den begabten Volkskünstlern nicht minder zu eigen, wie allen schöpferischen Menschen“[2].

Diese Note des Persönlichen ist aber stets dem Gemeinschaftsempfinden untergeordnet, in demselben Sinne, wie die Einzelhandlung der Bräuche dem Gesamtwillen des Brauchinhaltes, der volkstümlichen Glaubensvorstellung untergeordnet ist. Der Verzicht auf individuelle Lösung, die Wiederholung derselben Schmucktypen ist nicht durch die traditionelle Kunstübung allein bedingt, sondern auch ein Ausdruck der gebundenen Vorstellungswelt des Volkskünstlers. Wir sehen, wie dasselbe Motiv im Gewebe, auf der Truhe, im Fastnachtsspiel immer wiederholt und variiert wird, wie die Naturform zur Formel wird, wie die Unabhängigkeit vom Naturbild, von der Perspektive, von der Maßstäblichkeit der Darstellung ein

[1] Hans Güthlein in „Bayerischer Heimatschutz“, 25. Jhg., 1929, S. 19 ff.

[2] Adolf Spamer: „Volkskunde und Volkskunst“, Oberdeutsche Zeitschrift für Volkskunde 1928, Heft 1, S. 14.

Grundzug der Volkskunst ist, der nicht auf mangelnder Anschauungsgabe beruht, sondern auf einer Vorstellungswelt, die nicht die Illusion der Naturform erstrebt, sondern rein inhaltlich bedingt ist. Sie ist in erster Linie auf Deutung gestellt, nicht auf Anschauung. Nicht die Realität der Naturwahrheit spielt die Hauptrolle, sondern die Inhaltsdeutung, das Gleichnis. Gerade die Volkskunst zeigt jene Elemente der vom Naturvorbild unabhängigen freien schöpferischen Gestaltung, wie wir sie etwa in der ostasiatischen Kunst oder in der modernen Malerei der Gegenwart lebendig sehen. Die Darstellung strebt nur selten nach individueller Ausführung, sondern charakterisiert die Erscheinungswelt aus der Beobachtung ihrer typischen Merkmale, ihrer symmetrischen Bestandteile, die wie in einem Sprichwort zusammengefaßt werden. Das geschieht nicht nur innerhalb der reinen Flächenkunst in den Webereien, Schnitzereien, Töpfereien, Malereien, wobei der Gedanke an Perspektive niemals zum Problem wird, sondern auch in der plastischen Betätigung. Die Krippen- und Heiligenfiguren, die keramischen Figuren, Glastiere, Stickmuster haben größtenteils eine vom Naturbild nur in seiner inneren Symmetrie abhängige Gestaltung, eine Abstraktion, die sich, unbekümmert um natürliche Richtigkeit, nach den Forderungen des Platzes und des jeweiligen Bildzusammenhanges richtet. Bei der Darstellung eines Heiligen spielt sein Attribut eine größere Rolle als sein Porträt. Auch eine Beachtung der uns geläufigen Stilgesetze, die für einen bestimmten Werkstoff eine bestimmte Technik erfordern, ist in der Volkskunst nicht unbedingt vorhanden. Es werden unbekümmert Muster, die einem Werkstoff zugehören, auf einen anderen übertragen, bei den Auskratzornamenten des Steinzeuges wird die geschlungene Linienführung der Gießbüchse nachzuahmen versucht, die Kerbschnitzereien suchen Wirkungen der Lederflechterei oder Bandknüpferei zu erreichen.

Ein Hauptzug der volkskünstlerischen Darstellung ist das Streben nach der Fläche, nach der zweidimensionalen Zusammenfassung, eine Eigenschaft, die sowohl aus der handwerklich bedingten ornamentalen Übung entspringt, als auch aus der primitiven Abneigung gegen räumliche Schilderung. Auch die größeren plastischen Arbeiten der Volkskunst, wie die Krippenszenen, streben immer nach flächenhafter Anordnung und Bildwirkung, die Abwandlung des Doppeladlermotives in den elsässischen Stuhllehnen zeigt gleichfalls dieselbe Tendenz zur Verflächigung und zur ornamentalen Auflösung der räumlich-figürlichen Vorbilder (Textbild 3).

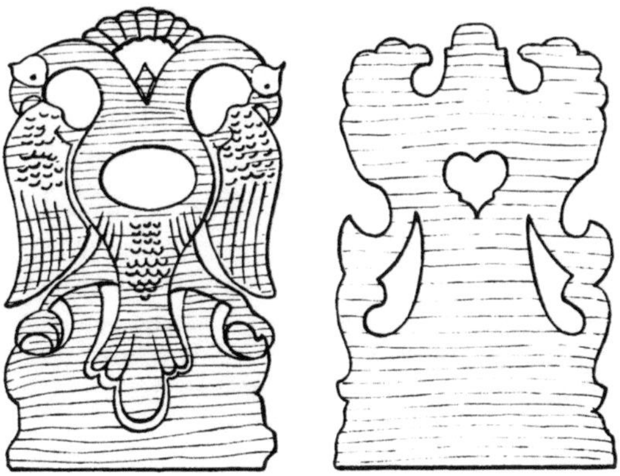

3. Elsässische Stuhllehnen mit Adlermotiv

Hier spielt auch das Zeitmoment eine beachtenswerte Rolle. Der Begriff der darstellbaren Zeit in der Bewegung ist der Volkskunst fast völlig fremd, fremd deshalb, weil sie ja für den Darstellungsinhalt, für Deutung und Gleichnis meist belanglos ist. Was bei der hohen Kunst durch räumlich-perspektivische Anordnung, durch Bewegung in zeitlicher Aufeinanderfolge, durch individuelle Behandlung der verschiedenen Bildelemente an Ausdruck erstrebt wird, das versucht die Volkskunst durch symmetrische Anordnung, durch Reihung, durch rhythmische Wiederholung, durch Hervorhebung des Hauptsächlichen auszudrücken. Wir sehen diese Gestaltungsform beispielsweise an der Krippenschnitzerei des pommerschen Tagelöhners (Abb. 32). Der Inhalt, die Leidensgeschichte Christi, ist in vier Szenen aufgeteilt: das Gebet auf dem Ölberg, die Gefangennahme, die Marterung, die Kreuzigung. Die Hauptfigur, Christus, ist stets in die Mitte gestellt, die Begleiter und die Begleitumstände sind so kurz und sinnbildlich wie möglich geschildert. In den unteren drei Gruppen ist die Vorgeschichte zusammengefaßt. Die Hauptszene, die Kreuzigung, nimmt auch den Hauptraum ein. Das Ganze ist durchaus ornamental aufgefaßt, in strenger Gliederung dient die horizontale und vertikale Anordnung der Figuren und ihrer Umgebung nur dazu, den Gekreuzigten hervorzuheben. Mit richtigem Instinkt unterbleibt jede persönliche Ausarbeitung des Details, um den Eindruck des Vorganges ganz geschlossen zu erhalten. Unabhängig von jeder historischen Rücksicht oder Naturrichtigkeit wird der Garten auf dem Ölberg durch einen kleinen Zaun und durch Papierblumen in Blumentöpfen angedeutet, die Kreuzigung wird unbedenklich auf den Marktplatz einer norddeutschen Kleinstadt verlegt, über deren klassizistischen Fassaden die Engel herabschweben. Die Jünger und Apostel tragen biblische Tracht, die Landsknechte haben Uniformen und Pickelhauben wie das preußische Militär, die Frauen tragen die pommersche Volkskleidung um 1870. Der Gekreuzigte (in fast romanischer Formsprache gebildet) ist gewissermaßen dem irdischen Zusammenhang entrückt, unter ihm stehen die Mitspieler des Passionsdramas, sie tragen die Attribute ihrer Rolle sichtbar, um lediglich als Träger einer Mission im Dienste der göttlichen Fügung zu erscheinen. Es sind gewissermaßen lebende Bilder, die auf jede szenische Bewegung verzichten. Wie in einer Fläche sind die zwei Figurenreihen unter dem Kreuz angeordnet, sie blicken alle auf den Beschauer, keine will durch eine Bewegung oder eine räumliche Belebung des Szenenbildes „aus dem Rahmen fallen". Diese lediglich andeutende Schilderung setzt die Absicht, Sinnbildliches, nicht realen Vorgang zu vermitteln, voraus, aber auch die Aufnahmefähigkeit und das Verständnis für diese Form des Ausdrucks. Bei dem eben erwähnten Volkskunstwerk beruht diese Voraussetzung in der Jedem geläufigen Biblischen Geschichte, bei anderen Werken der Volkskunst ist es die allgemein verstandene Bezugnahme auf volkstümliche Glaubens- und Geschmacksvorstellungen der verschiedensten Art. Diese gebundene Formanschauung scheint (stilistisch gesprochen) ihre Formelemente hauptsächlich aus dem handwerklichen Ornament herzuleiten, ja aus den Urtechniken. Bis in die Gegenwart scheinen die Muster ganz verschiedener Werkstoffe vom Ritzen mit dem Messer oder vom textilen Erlebnis gestaltet zu sein. Man kann also in der Volkskunst das Zusammenwirken von zwei Grundkräften erkennen: die traditionelle handwerkliche Übung und Formbildung, wie sie Riegl hervorhebt, und die assoziative, prälogische Welt des primitiven Menschen, unter dessen Primitivität sich doch eine starke eigenartige, im Brauchtum gebundene Anschauung verbirgt und seine bildnerischen Triebkräfte gestaltet.

Diese beiden Grundkräfte sind es auch, die jenen merkwürdigen Umbildungsprozeß veranlassen, den wir an Vorbildern beobachten, die aus der Stilkunst, aus der höheren, reflektierten Kunstschicht, übernommen werden. Die Vorbilder werden gewiß von Generation zu Generation zerbildet und vereinfacht, aber sie werden durchaus

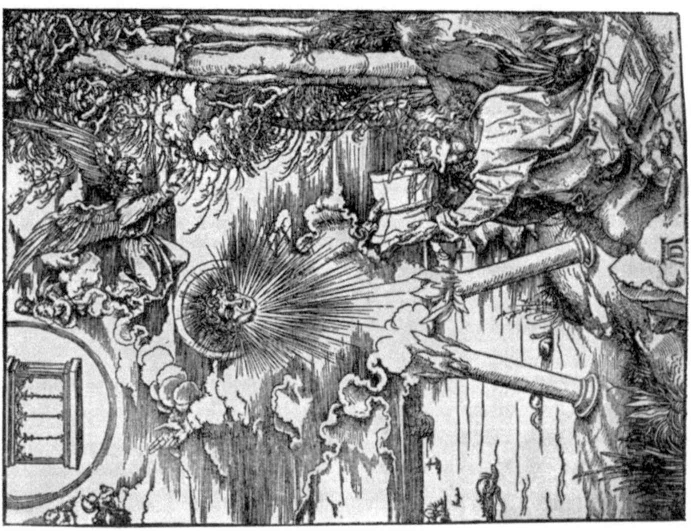

4. Holzschnitt aus der Dürerschen Apokalypse

5. Volkstümliche russische Umgestaltung des Dürerschen Vorbildes

6. Ornamentik eines Schellenbogens aus Tirol von 1789

sinnvoll und organisch umgedacht. So finden sich etwa Stilbestandteile romanischer und barocker Herkunft so nebeneinander und ineinandergefügt, daß sie sich nicht mehr stören, da ihnen gewissermaßen ihre individuelle Stilnote zugunsten einer typischen Einheitlichkeit genommen ist. Ein anschauliches Beispiel für diesen Umdeutungsprozeß in der Volkskunst hat Wilhelm Fraenger[1] an den Übertragungen deutscher Vorlagen in russische Volksbilderbogen gegeben. Der russische Kopist im Kiewer Kloster hat durchaus nicht in „schaler Rezeptivität", sondern in „planvoller Produktivität" den Ausdrucks- und Erlebniswert des Dürerschen Holzschnittes und seiner Abwandlungen bei Cranach in den volkstümlichen Erlebniswert der russischen Volksschichten übergeleitet (Textbild 4 u. 5). Dieses Prinzip wirksamer Vereinfachung, monumentaler Primitivität wird in der freien Volkskunst besonders interessant dort, wo es sich um Massenprodukte handelt, wie bei den volkstümlichen Holzschnitten oder Drucken und noch mehr bei den Hinterglasbildern, an deren Herstellung oft eine Reihe von Malern in kleinster Arbeitsteilung an einem einzelnen Bild beschäftigt waren[2], so daß jedes Stück ein im wahrsten Sinne des Wortes durchgeführtes Kollektivwerk ist (Abb. 40).

Wie aber die Volkskunst persönliche, individuelle, ihrer Umwelt fremde Werte umbildet und volkstümlich macht, sie in den Dialekt des Massengeschmackes oder der Ortstradition übersetzt, so finden sich auch in der Produktion der Oberschicht Erzeugnisse, die, ohne daß es vom Autor beabsichtigt ist, volksläufig werden. Von der schon erwähnten Graphik Dürers waren gewisse Blätter sofort in breite Volkskreise eingedrungen, nicht anders wie Kometenflug-

[1] Wilh. Fraenger: „Deutsche Vorlagen zu russischen Volksbilderbogen des 18. Jahrhunderts" in: Jahrbuch für historische Volkskunde, Bd. II, Berlin 1926, S. 154.

[2] J. Blau: Böhmerwälder Hausindustrie und Volkskunst, Prag 1917/18, Bd. II, S. 277; ders. in „Bayerischer Heimatschutz", 1930, S. 32.

7. Neujahrsgebäckform aus der Eifel

blätter oder gedruckte Segen, während andere Dürersche Blätter auf den Kreis der Gebildeten beschränkt blieben. Die Volksliedforschung hat bei über 300 Volksliedern bekannte Autoren nachgewiesen. Auch hierbei zeigt sich die Wechselwirkung von Oberschichtleistung und Unterschichtwirkung, deren geistige Hintergründe ein wichtiges volkskundliches Forschungsthema sind.

Neben der Behandlung der Formgebung und Gestaltung in der Volkskunst, die hier nur in großen Linien erfolgen konnte, gibt auch die Betrachtung des Darstellungsinhaltes Aufschluß über das Wesen der Volkskunst und ihrer Träger. Ihre enge Verknüpfung mit der Ideenwelt des Brauchtums, die Eingeschlossenheit in ererbte Vorstellungen, spiegelt in der Volkskunst den Inhalt dieser Ideen wider. Es findet auch in der Volkskunst die allgemeine menschliche Skala der Gefühle Ausdruck: Spott und Witz, Weisheit und Humor, Glaube und Furcht, Trauer und Freude. Auch hier wird die Erlebniswelt des Darstellers zum Hauptthema, allerdings auf eine unpersönliche Allgemeinformel gebracht, die mit Vorliebe zum Sinnspiel, zur geistigen Nutzanwendung hinstrebt. Auf den Tellern, dem Gerät, auf dem Bildstock, am Haustor erscheint immer wieder ein Spruch, eine Devise weltanschaulicher Art, wie auch im volkstümlichen Denkprozeß das Sprichwort die Hauptäußerungsform ist. Diese Selbstbetrachtung tritt auch im Bildnerischen hervor: Die Darstellungen beschränken sich auf wesentliche Vorgänge aus der Erlebniswelt des einfachen Mannes: Jagd und Hof, Liebe und Tod, Vieh und Feld kehren als Thema immer wieder, wie auch Eindrücke aus dem Berufsleben und aus den sozial höheren Schichten. Der überwiegende Anteil an volkskünstlerischem Inhalt fällt aber dem religiösen Erlebnis zu. Die biblische Geschichte, besonders die Schöpfungsgeschichte, Adam und Eva am Baum der Erkenntnis, die Propheten und biblischen Figuren,

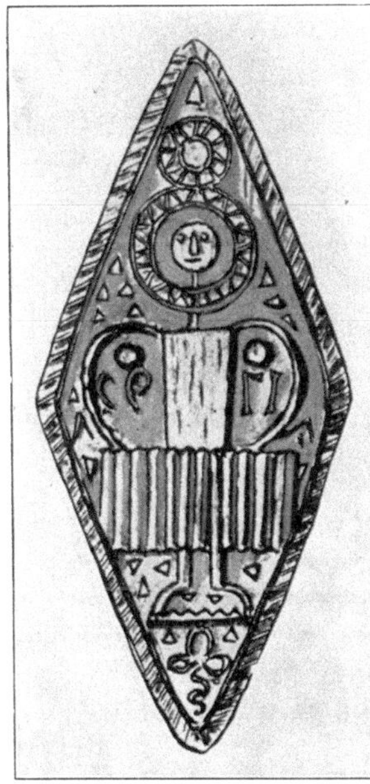

8. Neujahrsgebäckform aus der Eifel

die Hauptszenen aus dem Leben Jesu, aus dem Leben Mariä, die Darstellung der Heiligen und Märtyrer, nehmen den größten Raum der freien, nicht ornamentalen bildnerischen Volkskunst ein, und im Ornamentschmuck tritt stets das Monogramm von Jesus und Maria zu den Initialen des Besitzers, verbunden mit den alten geometrischen Motiven (Textbild 6). Auch der Schmuck der Bauernstube beschränkt sich fast überall auf Sinnsprüche und fromme Darstellungen, die in katholischen Gegenden im Herrgottswinkel mit seinen Schutz- und Andachtsbildern vereint sind. In dieser Beherrschung der Volkskunst von religiösem Inhalt zeigt sich nicht nur der tiefe Einfluß der Kirche und der religiösen Lehre auf die geistige Ausdrucksform unmittelbar, sondern es zeigt sich auch die obenerwähnte Grundtendenz volkskünstlerischer Betätigung: zu weihen und zu bannen. Die Glaubensvorstellung, mag sie nun der christlichen Religion entspringen oder der Welt des Volksglaubens, ist die Hauptquelle, aus der Schmuck und Bild fließen. Das beleuchtet auch folgendes Beispiel: Die deutsche Volkskunst, die scheinbar naiv und darstellungsfreudig Motive aus der bäuerlichen Umgebung, Blumen aus dem Garten, Tiere aus Hof und Wald mit Vorliebe schildert, vermeidet ebenso wie die andere europäische Volkskunst die Darstellung des Schmetterlings, obwohl er durch seine Symmetrie, durch seine Farbigkeit ein für die Malerei, Weberei und Stickerei leicht und gut darstellbares Motiv wäre. Da aber der Schmetterling, der in der religiösen Symbolik der gebildeten Schichten von der Antike her als Auferstehungssinnbild benutzt wird, in der volkstümlichen Glaubensvorstellung der Butterverderber ist und das Tier, das den Tod anzeigt, das in vielen Verwandlungen geheimnisvoll sich verbirgt, wird er als Träger negativen Inhaltes aus dem Bereich der Darstellung ausgeschlossen.

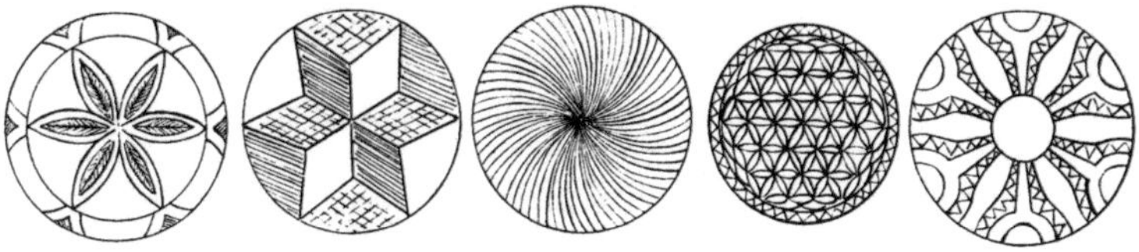

9. Variationen der Rad- und Sternornamente

## Gestaltungsstufen, Ornamente und Motive

Es ist gewiß wie bei allen geistigen Leistungen auch bei der Volkskunst schwer, ihre Erscheinungsform in ein Schema zu bringen. Aber vielleicht lassen sich bestimmte Stufungen der Gestaltung und gewisse Gruppierungen der Ornamentik unterscheiden.

Der Versuch dazu ist leider auf so geringe Vorbereitungen angewiesen, daß nur vorsichtig Zusammenhänge angedeutet werden können, deren Grenzen unsicher sind und die vielfältig ineinander verlagert sind. Ganz allgemein lassen sich in der Volkskunst zwei Gestaltungsstufen feststellen, die niemals regional trennbar sind, sondern vom Einzelnen und seiner Stellung im Felde der Volksbegabung abhängen: die primäre Bildnerei und die reflektierte Bildnerei. Zur ersten Stufe gehört die primitive Bildnerei schlechthin, die aus primären Gestaltungstrieben heraus erfolgt, vielfach an Zufallsformen des Materials anknüpft und ohne eingehendere organische Gliederung sich mit einfachster geometrischer Ornamentik oder nur andeutender Formulierung des Darstellungsinhaltes begnügt. Solche Zeugnisse primitiver Bildnerei finden sich in der Kinderkunst oder im prähistorischen Formgut. In der deutschen Volkskunst etwa im Spielzeug, in den eisernen Votivfiguren Süddeutschlands, in den alpenländischen Hirtenschnitzereien (Textbild 12), in den Gesichtsurnen, den Schwarzwälder Kachelmalereien oder im figürlichen Gebäck.

Die nächste Stufe beruht auf der Überwindung des Zufalls durch Kontrolle der vergleichenden Naturbetrachtung oder durch ein bestimmtes seelisches Erlebnis, das in einem bestimmten Zusammenhang ausgedrückt werden soll. Die Gestaltung erhält hierdurch eine bewußte bildnerische Formulierung. Hierher gehören etwa die realistischen Tierfiguren der Schäfer, die Krippenschnitzereien, die Gebäck- und Stoffdruckformen, die alpenländischen Masken, die Erzeugnisse der religiösen Volkskunst, wie etwa die Votivtafeln. Dazu kommt die ornamentale und bildnerische Ausschmückung von

10. Ritzarbeit auf einer Horndose aus der Schweiz

Gerät und Erzeugnissen des Handwerks. Auf dieser Gestaltungsstufe bewegt sich das überwiegende Formgut der Volkskunst, das uns historisch erreichbar ist.

Wenn man das Ornament- und Motivgut der deutschen Volkskunst in großen Linien zusammenfassen will, könnte man etwa drei Gruppen unterscheiden: Die erste rein ornamentale Gruppe ohne gegenständlichen Inhalt zeigt die technischen Ornamente, die sich beim Flechten und Weben, Schnitzen und Drehen durch Werkstoff, Werkzeug und Arbeitsvorgang als technische Muster ergeben, wie das Mäandermuster aus der Zettelweberei hervorgeht, oder die Kerbschnittornamentik aus dem Zirkelschlag, oder die Spiralvariationen aus der Filigrantechnik. Zu diesen technischen Mustern treten die primitiven Schmuckmotive, die allen Werkstoffgebieten gemeinsam sind und sich mit der Ornamentik der vorgeschichtlichen und mittelalterlichen Stilepochen vielfach in Zusammenhang bringen lassen. Es sind zunächst die bekannten geometrischen Schnitz-, Stick- und Webemuster oder die Bandornamentik, wie sie sich etwa auf den friesischen Mangelbrettern, in den elsässischen Stuhllehnen oder im Fachwerkbau (Abb. 3 und 25) erhalten hat. Diese Ornamente finden sich meist zusammen mit den vielfach variierten sinnbildlichen Motiven der zweiten Gruppe, Rad, Stern, Wirbelmotiv, Hakenkreuz usw., deren Herkunft aus dem Sonnenkult als Chronogramme (Jahresrad)[1] oder aus dem Mythos[2] oder aus der volkstümlichen Magie abgeleitet wird, und mit den typischen gegenständlichen Motiven. Es sind die symmetrischen Ranken, der aus einer Vase sprießende

[1] Friedrich Röck: Zahlen-, Welt- und Kalenderbilder. Mannus Bd. 21. 1929, Heft 3, S. 210.

[2] Karl Spieß: Bauernkunst, ihre Art und ihr Sinn. Wien 1925.

11. Brautstuhl aus Schlesien mit geometrischen und Baumornamenten

Lebensbaum, der auch als dreisprossige Blume oder Tulpe oder in anderen Variationen auftritt, Tierpaare, Löwen, Hirsche, Vögel, Pferde u. a., während der Mensch nur selten dargestellt wird. Die Anordnung ist wie in den koptischen und sassanidischen Webereien stets so, daß diese Tiere ein Hauptornament, meist einen Baum, an dessen Stelle auch ein Radmotiv oder ein anderes tritt, wie bei dem Danziger Stuhl (Abb. 13), flankieren. Diese Motive und Muster wiederholen sich in der Volkskunst fast aller europäischer Kulturkreise bis in das 19. Jahrhundert. Sie sind wahrscheinlich ursprünglich symbolische Ornamente, wie die obengenannten Rad-, Stern- und Kreuzmuster. Ihr Alter und ihre vielleicht kultische Herkunft würden auch das zähe Festhalten und die unermüdliche Abwandlung mancher Formeln, die im eigentlichen Sinne, wenn auch längst nicht mehr verstanden, Segens- und Banneswünsche sind, verständlich machen. Es soll hier nicht untersucht werden, woher diese Motive stammen und wie sie gewandert sind, ob das Lebensbaummotiv auf alten heidnischen Baumbräuchen beruht oder vom Orient her besonders als Webemuster eindrang, ob andere Formen aus den venezianischen und süddeutschen Musterbüchern entnommen sind. Es fehlen hierfür noch die nötigen Forschungen. Jedenfalls scheint eine Ornamentik aus alter Zeit mit jüngeren, ähnlichen Motiven, die besonders in der Renaissance auftreten, bereits vertraut zu sein und ihnen mit einer gewissen Aufnahmefähigkeit entgegenzukommen. Wir finden das Lebensbaummotiv, als Dreisproß abgewandelt, oder andersartig als Blume stilisiert, oft in die Formsprache der Zeitmode übersetzt, mit Radornamenten und wappenartig flankierenden Tieren bis ins 19. Jahrhundert auf Möbeln und Kleingerät aller Art, auf Holz, Geweben, Keramik und Metall, an Bauteilen ebenso wie auf dem Waschbecken aus Schlesien (Abb. 54) oder dem Patenbrief aus Bayern (Abb. 37). Der Drang zur Symmetrie und zur Dopplung tritt dabei deutlich hervor, doppelte Pferdeköpfe, doppelte Vögel und doppelte Herzen bilden ein immer wiederkehrendes Zierat als Firstbekrönungen oder als Schmuck von Arbeitsgeräten und Hausrat. Zu dem alten Ornamentgut, dessen Herkunft ebenso unerforscht ist wie seine Wanderung und sein zeitliches Eindringen in die deutsche Volkskunst, kamen in historischer Zeit bezeichnenderweise keine neuen Grundformen geometrischer Art hinzu, sondern nur Teilformen der großen Stilepochen, dazu die Sinnbilder der christlichen Glaubensübung, Kreuz, Kelch usw.

Die dritte Gruppe umfaßt die Darstellungen, die nicht rein ornamentalen Charakter haben, sondern „freie" gegenständliche Schilderungen aus der religiösen oder weltlichen Vorstellungswelt enthalten. Aber es finden sich vielfach alle drei Ornamentgruppen miteinander vereint, weil die Volkskunst in ihrer seelischen und regionalen Abgeschlossenheit zu den alten Motiven und Formen nur langsam und mittelbar und in ganz verschiedenen Zeitschichtungen Anregungen von außerhalb aufnahm. Man kann also am Material der deutschen Volkskunst wie in der Volkskunst der germanischen Völker und darüber hinaus gewisse motivmäßige Abgrenzungen erkennen, die aber entwicklungsgeschichtlich nicht klar zu bezeichnen sind, weil die vergleichende nationale und internationale Forschung erst am Anfang steht. Jedoch beherrschen die obenerwähnten alten Motive alle Gebiete der Volkskunst mit solcher Eindringlichkeit, daß man auf sie mit gewissem Recht die Abgrenzung der originalen Grundschicht der Volkskunst[1] zurückgeführt hat, ein Vermächtnis alter Symbolik und Ornamentik, die mit den überlieferten Volksbräuchen lebendig geblieben ist und sich mit den Einflüssen der neuzeitlichen städtischen Kultur vermischt und verbunden hat.

---

[1] Karl Spieß: Bauernkunst, ihre Art und ihr Sinn. Wien 1925.

## Begriffliche, geschichtliche und landschaftliche Abgrenzung der deutschen Volkskunst

Nach diesen Ausführungen über das Wesen der Volkskunst und ihrer Träger, über ihr Verhältnis zum Volksbrauch und ihre Stellung in der Gesamtkunst wird es leichter sein, neben der begrifflichen Abgrenzung der Volkskunst auch eine sachliche Abgrenzung zu versuchen. Entgegen den verschiedenen Auffassungen über diese Abgrenzung, beispielsweise die Ausscheidung der allgemeinen Realien wie Hausbau, Möbel, Gerätschaften usw. aus dem Rahmen der Volkskunst, wird es gerade bei einer stärkeren Beachtung des Volksbrauches und -glaubens und seiner bildnerischen Niederschläge in der Volkskunst nicht möglich sein, diese scharfe Trennung zu machen. Im jetzigen vorbereitenden Stadium der Volkskunstforschung wird ein möglichst weiter Rahmen der Zusammenhänge des Gesamtbesitzes von Volksgut und Volkskunst in der Stammesgemeinschaft, der Familie, dem Hof, dem Dorf, der Landschaft nur von Nutzen sein. Denn auch die Typenbildung der Geräte ist ganz verschieden begründet; sie sind nicht immer allgemeingültige Gebilde, sondern mitunter Einzelerscheinungen mit ausgesprochenem Ortscharakter und künstlerischem Eigenleben. Auch der Haus- und Kultbau und die Möbelherstellung beziehen so viel volkstümliche Besonderheiten in ihre Zweckformen ein, daß sie nicht ohne Schaden für das Gesamtwirken volkskünstlerischer Eigenart im Rahmen geschichtlicher oder landschaftlicher Zusammenhänge ausgeschaltet werden können.

Wir werden also unter Volkskunst begrifflich dasjenige Formgut verstehen, das in enger Gebundenheit an Brauch und Glaube, an überlieferte Gesellschafts-, Wirtschafts- und Werkform entsteht, sowohl als typisches Grundgut wie im Austausch mit den sozial freieren städtischen Volksschichten und ihrer Kunst, sachlich alle schaubaren Gebilde, die als ererbte Gebrauchswerte in Haus und Hof, in Wirtschaft und Familienleben, in Stadt und Land, im weltlichen wie religiösen Darstellungsprozeß oder als volksläufige Neuwerte den Ausdruck einer künstlerischen Willensbildung bestimmter Volksgruppen und -schichten vermitteln. Obwohl der Begriff Volkskunst strenggenommen auch Ton (Volkslied und -musik), Wort (Versdichtung, Sage und Märchen) und Darstellung in Spiel, Tanz und Schauspiel umfaßt, sind doch diese infolge der fortgeschrittenen

Forschung auf dem Gebiete des Volksliedes, der Volksmusik, der Sprachforschung aus der Gesamtbetrachtung vorläufig ausgeschaltet und zu selbständigen Forschungsgruppen entwickelt, so daß der Begriff Volkskunst sich inhaltlich etwa mit dem Begriff der bildenden Kunst deckt. Es fallen also vom Gesichtspunkt der Herstellung aus darunter die Gebiete des Hauswerks, die zur Eigenproduktion der bäuerlichen und städtischen Haus- und Hofwirtschaft gehören, die Gebiete des handwerklichen Hausfleißes und des Berufshandwerks, die für Ausstattung und Einrichtung von Haus und Wirtschaft tätig sind, und die Erzeugnisse der verschiedenen Gewerbe, die volkstümliches Gut erzeugen. Gegenständlich gesprochen sind es die Einrichtungsstücke, Geräte und Werkzeuge des Haushaltes, die Kleidung und ihr Schmuck, die Haus- und Wohngestaltung als größere Einheiten, die Wirtschaftsgeräte, die Erzeugnisse der Handarbeit, der Schmuck im Gemeinschaftsleben für Feste und Bräuche, für Maße aller Art, für Rechts- und Gesellschaftsformen in Beruf, Unterricht, Kult. Außer diesen Gegenständen der angewandten Kunst, die man meist zum Kunstgewerbe zählen kann, gehören dazu die Erzeugnisse der freien künstlerischen Betätigung in Druck, Schrift und Bildnerei, wie etwa die religiöse Volkskunst, die Musterbücher, Kalender, Segen, Gebetbücher, die Erzeugnisse der Klöster und der dörflichen Schreibstuben, an denen oft der schreibkundige Schulmeister einen Hauptanteil hat.

Neben der Frage nach der begrifflichen und sachlichen Abgrenzung der Volkskunst, nach ihren Erzeugern und Verbrauchern, steht die Frage nach der historischen und räumlichen Abgrenzung. Wie bei der Kunst der Naturvölker nicht von Volkskunst in unserem Sinne gesprochen werden kann, weil sie dort „die Kunst" schlechthin ist, so kann auch regional und national in den heutigen Kulturländern nur dort von Volkskunst gesprochen werden, wo zwei Kunstschichten vorhanden sind: eine in den großen internationalen Stilperioden abgewandelte geschichtliche höhere Kunstschicht der „gebildeten" Klassen und eine vom internationalen Stilwechsel mehr oder weniger unabhängige, bodenständige, ererbte, gewissermaßen geschichtslose untere Kunstschicht, die im wesentlichen auf Hausarbeit und kleinhandwerklicher Betätigung beruht. In Europa leben beispielsweise in Rußland oder auf dem Balkan noch beide Schichten nebeneinander, in den hochzivilisierten Ländern ist die untere Kunstschicht mit dem alten Handwerk unter dem Einfluß von Technik, Verkehr und durch die Angleichung der verschiedenen Volksschichten ausgestorben. In Deutschland läßt sich diese Teilung in zwei Bildungs- und Kunstschichten etwa in der Renaissance feststellen, bis dahin gab es lediglich ein ziemlich einheitliches Kunstwollen. Die Renaissancezeit brachte mit der Entdeckung und Erweckung des antiken Kunstideals, mit der raschen Verbreitung von Bildungswerten, mit der Entwicklung eines wohlhabenden Bürgertums und eines reichen bürgerlichen Kunstgewerbes die Trennung von naiver und reflektierter Kunst, von Volkskunst und Stilkunst. Hier setzt die Geschichte der Volkskunst ein, die nunmehr im Gegensatz zu den wechselnden Moden der europäischen Kunst die alten Formen und Ornamente fortsetzt, aber zugleich von dieser neuen höheren Kunstschicht dauernd Formgut und Schmuckgut aufnimmt. Mit dem zunehmenden Reichtum kunstgewerblicher Ausstattung im Bürgertum nimmt auch das Land eine reichere Ausgestaltung im Hausbau und Hausrat, in Tracht und Schmuck an. Der wandernde Handwerker bringt die Stadtmode ins Dorf, hier beginnt der so interessante langsame Umstilisierungsprozeß, mit dem Verhältnis der durch die Zeitlupe verlängerten Bewegung im Film zu der wirklichen Bewegung vergleichbar. Diese reichere Ausstattung und Veredelung der Werkformen setzt sich auf dem Lande nur allmählich durch und erreicht abgelegene Gebiete wie die einsamen Gebirgsgegenden erst im 18. Jahrhundert. Besonders das 17. Jahrhundert bringt durch die große Ausbreitung der Malerei, durch die modische Vorliebe für farbige Behandlung, jene starke ornamentale Belebung in die Handwerkskunst und läßt auch auf dem Lande die bunten Volkstrachten und die farbenfreudige Volkskunst entstehen.

Die Volkskunst begleitet also in ihrem geschichtlichen Werdegang durchaus die Stilepochen Renaissance, Barock, Rokoko, Empire, Biedermeier, wenn auch keineswegs einheitlich und gleichzeitig. So sind beispielsweise in den Bauernmöbeln alle diese Stilepochen deutlich zu erkennen, wenn auch eine Datierung derselben an der Hand dieser Stilmerkmale zu den größten Irrtümern führen würde, denn es erscheinen noch romanische Formen im 19. Jahrhundert, wie an der hessischen Tür (Abb. 5). Manche Stilepochen haben sich in gewissen Landes- und Volksteilen einer besonders langen Beliebtheit erfreut, so lebt z. B. bis ins 19. Jahrhundert der romanische Stuhltyp in Westfalen, die Renaissance erhält sich in Schweizer Möbeln, das Rokoko spielt in Bayern und Süddeutschland die führende Rolle. Je nach der Aufgeschlossenheit eines Gebietes oder der Tätigkeit eines fortschrittlichen Dorftischlers dringen die städtischen Stile früher oder später durch. Das schlesische Empirebett von 1811 (Abb. 16) ist Zeitgut, der schlesische Teppich von 1789 (Abb. 46) zeitloses Formgut.

Der größte Teil der Volkskunst, soweit er zur Ausstattung, zur anspruchsvolleren Lebens- und Wohnkultur gehört, ist also, schon weil es sich dabei meist um Handwerkskunst handelt, stark in die geschichtliche Entwicklung der Gesamtkunst einbezogen, allerdings in einem ganz anderen Zeitmaß und mit einem selbständigen Geschmack und Ausdruckswillen, mit vielfachen Mischungen und Umstilisierungen, wie es dem Aufnahmevermögen des Landvolkes und dem vorhandenen alten Formgut entsprach. Daneben bleibt von den herrschenden Stileinflüssen das nur wenig berührt, was als Gegenstand des täglichen Gebrauches und im Dienste der alten Überlieferung als Klein- oder Ziergerät entstand, wie etwa die Brautgaben, die der Bursche für das Mädchen schnitzt, die Ziergeräte zur Flachsbereitung, Spinnerei und Weberei, die Kästchen, die Mangelbretter, Löffelbretter, auch die Hirtenarbeiten, wie Schellenbögen usw., also besonders die in das Werkstoffgebiet des Holzes fallende männliche Hausarbeit und die weiblichen Handarbeiten. Ihre Gestaltung und Ausschmückung ist gewissermaßen überzeitlich, beruht auf strenger Weitergabe ältesten Form- und Ornamentgutes. Es ist wohl unmöglich, aus den Ornamenten des Mönchguter Flachsschwingelbrettes (Abb. 23) oder der hessischen Stuhllehne (Abb. 11) eine zeitliche Bestimmung abzuleiten, obwohl das erste aus dem Jahre 1865, die andere aus dem Jahre 1856 stammt.

Die stilgeschichtliche Datierung und Ableitung der Volkskunst wird also den verschiedenen wirtschaftlichen, gesellschaftlichen und geistigen Voraussetzungen entsprechend örtlich stark verschieden sein. Eine kartographische Aufnahme beispielsweise des deutschen Bauernmöbels in seiner stilistischen Einordnung und Bauart würde hochinteressante Aufschlüsse geben und wahrscheinlich wertvolle Beiträge zum geschichtlichen und künstlerischen Gesamtbild der einzelnen Gebiete liefern.

Auch landschaftlich betrachtet weist die Volkskunst ebenso vielfältige Abwandlungen auf, wie die hohe Kunst. Eine landschaftliche Abgrenzung ist auf einigen Gebieten wie beim Hausbau, den Trachten (z. B. im Typ der Frauenhaube) gut durchführbar. Aber schon die Möbel sind nicht mehr so leicht örtlich bestimmbar, noch weniger die meisten Handwerkserzeugnisse, weil Handel und Wanderzwang der Gesellen ständig Formgut verpflanzt haben. Dann erscheinen in beschränkten örtlichen Zusammenhängen, durch eine in Generationen vererbte Werkstätte lange lebende, oder durch einen plötzlichen Modeeinfluß wechselnde Typen von Möbeln oder Gebrauchsgerät, bestimmte Einheiten, die dadurch Lokalcharakter erhalten. Schließlich gibt es Landesteile, die, wie der pommersche Weizacker oder das schlesische Riesengebirgsvorland, ausgesprochene Farbprovinzen sind, während andere Gebiete, wie Niedersachsen, eine betonte Sparsamkeit bei der farbigen Behandlung von Gerät und Möbeln aufweisen. Das primitive Grundgut wie auch das Stilgut der Volkskunst geht aber in seiner allgemeinen Erscheinungsform weit über Stammes- und Landesgrenzen hinaus. Sowohl durch technische Bedingtheiten wie durch vorgeschichtliche und geschichtliche Zusammenhänge sind die Grundzüge des Volkskunstgutes überall stark übereinstimmend. Es gibt beispielsweise in der norwegischen und schweizerischen Volkskunst Stücke, die wie von derselben Hand geschaffen erscheinen; die kleinen Jerusalemer Steinossuarien in Truhenform aus Christi Zeit, um auf so weite Zusammenhänge hinzuweisen, gleichen oft den alpenländischen Trüherln (Abb. 26) zum Verwechseln, der Typ des Mangelbretts oder des Spinnrockens ist in den deutschen Landesteilen bezirksweise einheitlich durchgebildet. Vielfach bestimmt in großen Linien der Werkstoff die Gestaltung. So läßt sich eine Grenze ziehen zwischen der Verwendung von hartem oder weichem Holz. In Niederdeutschland wird das harte Holz (meist Eiche) durch das Schnitzmesser und durch spärliche Bemalung verziert, in Mittel- und Süddeutschland, wo das weiche Holz vorherrscht, tritt reichere Pinselarbeit in Erscheinung, in den Alpengebieten verwenden ganze Bezirke wieder Nadelhölzer ohne Bemalung. Dieser Gliederung entspricht auch im Norden eine mehr geometrische, im Süden eine mehr gegenständliche Ornamentik. Die keramische Volkskunst ist überall an die Tonlager gebunden, es gibt aber Landschaften, in denen ohne besondere Tonqualitäten die Töpferei auf einer höheren Stufe steht. Die Beiderwandbildweberei erstreckt sich, dem holländischen Handels- und Siedlungseinfluß entsprechend, von Holland bis an die Küsten von Schleswig-Holstein. Die dekorative Hausbemalung blüht in Oberbayern, wo die barocke Kirchenmalerei der Gegenreformation einen besonderen Widerhall im Volksgeschmack fand; katholische Gegenden haben die religiöse Volkskunst viel stärker erhalten als evangelische, die, ihrer religiösen Lehre entsprechend, den lebhaften kirchlichen Schmuck vermieden und meist nur in der Ausmalung der

Dorfkirche, in Scherenschnitten und Spruchtafeln volkstümliche Andachtsbildnereien aufweisen. Technische Zusammenhänge lassen sich also ebenso erkennen wie wirtschaftlich-politische, religiöse oder geschmackliche.

Wenn man also etwa von Thüringer Volkskunst spricht, so bedeutet das im gegenwärtigen Zustand der Forschung nicht mehr als eine landschaftliche Übersicht, in der sich einzelne Eigenarten im Rahmen der Gesamtüberlieferung verschiedener kleinerer oder größerer Kulturkreise abheben, die wieder mit den Grenzen älterer kirchlicher und weltlicher Hoheitsgebiete oder ähnlicher Einflüsse übereinstimmen. Die Volkskunst der verschiedenen deutschen Stammesgebiete zeigt neben starken stammesartigen Merkmalen auch eine übergreifende Einheitlichkeit gesamtdeutschen Charakters und ihre Hauptmotive und Ornamente sind, wie schon gesagt, auch in der gesamteuropäischen Volkskunst anzutreffen.

Wie weit also stammesmäßige oder gar rassische Elemente in der Volkskunst als geistige Triebkräfte mitbestimmend sind, kann heute noch nicht gesagt werden, obwohl eine solche Prägung vorhanden ist. Auch der Anteil der Geschlechter an der Volkskunst, der Einfluß der Frauenarbeit ist sicherlich von Bedeutung, ebenso wie die soziale Lage der Volksschichten. So hat die Volkskunst in Gebieten, die einen freien Bauernstand aufweisen, viel stärkere und reichere Ausprägung erhalten, als in den Gebieten mit drückenden wirtschaftlichen und sozialen Bedingungen. Es besteht auch eine deutliche Trennung in der Farbwahl zwischen dem slawischen und germanischen Siedlungsgebiet. Schon in der Volkstracht des Spreewaldes beginnen die hellen Töne Rosa, Hellblau, Hellgrün usw. deutlich von den gesetzteren Farben der deutschen Trachten abzurücken und sich an die polnisch-russische Farbskala anzuschließen. Auch beim Hausbau lassen sich große Bezirke auf stammesmäßiger Grundlage umreißen. Es wäre also (wie beim Volkslied, wo sich bei der zunehmenden Abfragung ganz überraschend zeigt, daß ein vermeintlich nur in einer bestimmten Gegend Süddeutschlands vorkommendes Lied auch an der Nordsee genau so isoliert vorkommt) mindestens verfrüht, landschaftliche Volkskunst aus der seelischen Beschaffenheit der Bewohner allein abzuleiten, ganz abgesehen davon, daß weite Strecken Deutschlands durch Kriege und Seuchen immer wieder entvölkert und aus anderen Landesteilen neu besiedelt wurden, so daß die Bodenständigkeit und Stammeseinheit der Bewohner schwer zu kontrollieren ist. Etwas anderes ist die durch Zusammenwirken von wirtschaftlichen und geschichtlichen Einflüssen verursachte Einwurzelung von Volkskunstgut in einer Landschaft und die Entwicklung eines Landschafts- und Ortscharakters in der Eigenart der Stick- und Webmuster, der Töpferei, der Festbräuche usw., aus der man sowohl durch die bodenständige Erzeugung wie auch durch die ständige Verwendung bestimmter Geschmacksauswahl auf bestimmte geistige Anlagen der Erzeuger und Verbraucher schließen kann. Denn auch das städtische zünftige Handwerk arbeitete für den Volksgeschmack;[1] beispielsweise fertigte der Goldschmied in der Stadt städtischen wie bäuerlichen Schmuck an, der voneinander gänzlich verschieden war und getrennt voneinander hergestellt und angeboten wurde, so daß die Geschmacksauswahl des Käufers auf den Hersteller einwirkte.

Die Volkskunstforschung wird also, der volkskundlichen Fragestellung entsprechend, der Gesamtheit der Lebenserscheinungen von Volkskunst in Brauch und Werk in ihrer soziologischen Verknüpfung nachgehen müssen, wie auch in der geschichtlichen Fragestellung den Vorgang der Entwicklung und Gestaltung, der Typenbildung und Abwandlung, der schöpferischen Einzelleistung und ihrer volksläufigen Verwertung untersuchen müssen.

Von den Tatsachen und Ergebnissen des Wesens der Volkskunst ganz allgemein oder im Rahmen einer Nation werden sich dann die Besonderheiten der Stammes- oder Gebietsforschung abzweigen lassen.

12. Tierdarstellung von einem Pulverhorn aus Tirol

ZWEITER ABSCHNITT

# Volkskunst und Handwerk

Neben ihrer volkskundlichen und kunstwissenschaftlichen Bedeutung hat die Volkskunst aber durch ihre Beschränkung auf Hausarbeit und Handwerk und die damit verbundene Verarbeitung der heimatlichen Werkstoffe auch eine große handwerkskundliche Bedeutung. Die Handwerkskultur, die in den Dokumenten der Volkskunst sinnlich faßbarer Ausdruck wird, ist eine Synthese von volkstümlicher Überlieferung und volkstümlichem Können. Die Einheit von Werkstoff und Formung, die in der Volkskunst so unmittelbar naiv und wirksam zu uns spricht, geht auch auf ein ständig geschultes Können zurück, das traditionsbildend und schöpferisch wirkt.

Unter diesem Gesichtspunkt zeigt die Volkskunst wieder andere Zusammenhänge, Eigenschaften, welche die Beziehung zum Heimatboden und zu der werkmäßigen Entstehung und Verbreitung erkennen lassen. Hierbei gibt die natürliche Gruppierung der Werkstoffe Unterscheidungsmöglichkeiten, die sowohl in der zeitlichen vertikalen Lagerung als auch in der landschaftlichen horizontalen Ausdehnung aufschlußreich sind.

Der älteste und beherrschende Werkstoff in der deutschen Volkskunst ist das Holz. Die älteste Kunst ist eine Holzkunst und geht vom Wald aus; sie umfaßt das größte Gebiet handwerklicher Tätigkeit, von der Zimmermannskunst bis zur Spielzeugschnitzerei, mit einer Menge Begleithandwerken. Sie ist ein ausschließlich männliches Gewerbe, die Werkzeuge sind einfach, von Axt und Messer bis zur Drehbank. Die einfache Struktur des Werkstoffes erleichtert die Verarbeitung und erlaubt eine außerordentliche Verwendungsmöglichkeit. Von der Reichhaltigkeit der Holzarten und ihrer verschiedenartigen Verwendung zeugt eine Untersuchung, die Josef Blau im Anwesen eines armen Häuslers im Böhmer Wald machte, wo er 27 Holzarten feststellte[1]. An das Holz schließt sich die Verarbeitung von pflanzlichen (Weiden, Binsen, Hanf, Flachs, Mehl usw.) und von tierischen Stoffen (Horn, Bein, Fell, Haar, Wachs usw.) an mit den Handfertigkeiten der Flechterei, Weberei, Wirkerei, Formerei usw.

---

[1] Josef Blau: Böhmerwälder Hausindustrie und Volkskunst, Prag 1917, Bd. I, S. 221.

und ihre Verzierung durch Nadelarbeit, Druck, Färbung usw. Diese Werkstoffgebiete sind meist nicht auf die Bearbeitung mit Feuer angewiesen und wohl auch aus diesem Grund als die Urhandwerke anzusehen. Die Holzbearbeitung ist im höchsten Maße bis in die Gegenwart eine Hauskunst geblieben, ebenso wie die Flachsbearbeitung, die Weberei und die von ihr abgeleiteten Veredlungstechniken. Eine höhere Stufe sind die Gewerbe, deren Ausübung mit Hilfe des Feuers geschieht. Ihre Werkstoffe liefert der Boden in Erden und Metallen zur Herstellung von Ton, Glas, Metallwaren. Stein tritt wegen seiner schwierigen Bearbeitung nur selten (als Bau- und Grabschmuck) in den Bereich der Volkskunst.

Eine Betrachtung der Volkskunst nach Werkstoffgebieten wird nicht nur handwerkskundlich große Zusammenhänge erkennen lassen, sondern auch die Typenbildung veranschaulichen und die volkskundliche Bedeutung von Unterschieden im Werkschaffen beleuchten, die als Ausdruck landschaftlicher oder stammesmäßiger Eigenart an das Vorhandensein bestimmter Werkstoffe oder bestimmter Werkstätten in bestimmten Gegenden gebunden sind.

In großen Linien kann hier nur angedeutet werden, was als Merkmal in dieser Hinsicht anzusprechen ist. Der Leser wird sich über Einzelfragen leicht aus der großen volks- und heimatkundlichen Literatur unterrichten können.

## Holzverarbeitung

Aus dem großen Werkstoffgebiet des Holzes muß der Hausbau hier als Sondergebiet, das den Rahmen dieser Veröffentlichung übersteigt, ausscheiden. Die künstlerische Ausbildung des Hausäußeren fällt aber insoweit in den Bereich der Volkskunst, als bestimmte deutsche Landesgebiete ein bestimmtes volkskünstlerisches Fachkönnen aufweisen, wie etwa die Zimmermannskunst in der phantasievollen Ausbildung der Fachwerkkonstruktionen in Mitteldeutschland (Abb. 3) und in den Blockhausbauten der Alpenländer (Abb. 1), wie die Ziegelmusterung in den Vierlanden, der Kratzputz in Hessen (Abb. 2) oder die Hausbemalung in Oberbayern. Das Hausinnere weist bei einem ziemlich einheitlichen Wohn- und Wirtschaftsschema (je der ober-, mittel- und niederdeutschen Bautypen) doch starke landschaftliche Besonderheiten in der Ausprägung der Wohnkultur auf. Der weiträumigen Halle des Niedersachsenhauses mit dem Flett, ein vorwiegend wirtschaftstechnisches Gebilde, steht im Friesenhaus eine an die Intimität der Schiffskajüte erinnernde Kleinausstattung mit lebhafter Verwendung von Stoffen, Kacheln, bemaltem Holz, Messing, bunten Möbeln gegenüber. Die vornehmen Pesel (Abb. 8) der reichen Marschbauern in der Wilstermarsch sind Gebilde der auserlesenen Repräsentation bäuerlicher Würde, mit vorherrschenderHolztäfelung und Schnitzerei. Das mittel- und süddeutsche Haus erhält seinen Akzent durch die reiche fröhliche Bemalung der Möbel (Abb. 6), welche sich kräftig gegen die meist weiß gekalkten oder (im Holzbau) ruhig gestrichenen oder vertäfelten Wände abheben, die alpenländische Stube ist wieder in ernstem Holzton gehalten. Allgemein üblicher Hausschmuck sind meist nur die Firstbekrönungen (Textbild 13 und 14) und Heiligenbilder, die Verzierung von Konstruktionsteilen, wie Pfeilern, Rahmen, Türen usw. mit Schnitzerei, oder, wie die Maueranker im friesischen Gebiet, durch Schmiedearbeit. Der Zimmerschmuck ist spärlich und beschränkt sich im alten Bauernhaus meist auf den Andachtsort in der Stubenecke über dem Eßtisch. Er enthält das Kruzifix, Wallfahrts- und Heiligenbilder; dem Schmuckgedanken liegt der Schutzgedanke zugrunde. Nur im Kultbau (in der Dorfkirche und -kapelle) ist die künstlerische Ausschmückung ein wesentlicher Bestandteil des Hauses. Für die monumentale Volkskunst bieten die Dorfkirchen, besonders die Holz- und Fachwerkkirchen, reiches Anschauungsmaterial.

In dem Fachgebiet der Holzbearbeitung bilden die volkstümlichen Möbel, die schon seit Jahrhunderten größtenteils vom Tischler des Dorfes oder der Kleinstadt hergestellt werden, eine besondere Gruppe. Sie sind in ihren Grundtypen beschränkt auf Bank, Bett, Stuhl, Tisch, Truhe und Schrank. An Konstruktion, Technik und Schmuck lassen sich weitere Abstufungen entwickeln. Es würde zu weit führen, sie alle zu nennen. Im Typ des ältesten und Hauptsitzmöbels im Bauernhaus, der Bank, die (um den Tisch) an der Wand befestigt ist, gibt es kaum Unterschiede. Der Einzelsitz ist als Stuhl oder Sessel ausgebildet mit starken Abarten in konstruktiver und stilistischer Hinsicht, wie z. B. der (auch auf unebenem Boden sicher stehende) dreibeinige Sessel, der sich in Westfalen und am Niederrhein erhalten hat, auf gotische Vorbilder zurückgehend und dem Typ des nordischen Baumsessels verwandt. In den Lehnsesseln, besonders der niederdeutschen Gebiete, ist sehr altes, an romanische Möbelformen anknüpfendes Formgut bewahrt (Abb. 12), wie sie überhaupt als Ehrensitze und Hochsitze wohl die ältesten Einzelsitzmöbel im Bauernhause sind. Jüngeren Datums sind die Stühle, wovon die, konstruktiv zum Sessel gehörigen, Pfostenstühle in der Schwalm (Hessen) oder in Jamund (Hinterpommern) (Abb.11 und 14)

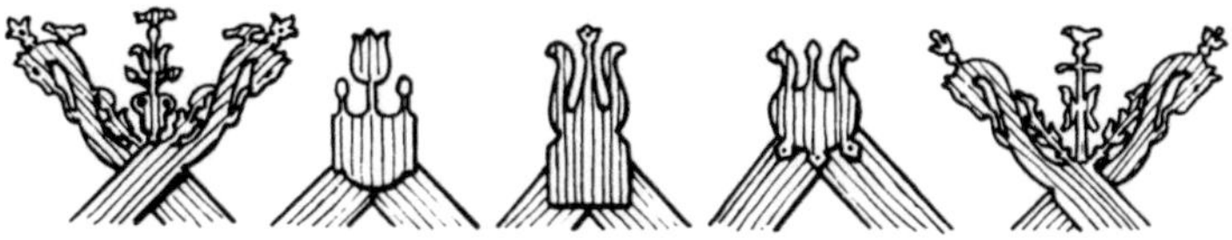

13. Giebelbretter aus Norddeutschland

ein höchst eigenartiges und altertümliches Gepräge aufweisen. Während der Pfostenstuhl für Niederdeutschland typisch ist, kommt der Schemelstuhl (vier Beine ins Sitzbrett eingefügt, Abb. 9 und 10) hauptsächlich in Mittel- und Oberdeutschland vor. In den Sitzmöbeln ist bei der mannigfachen landschaftlichen Verschiedenheit der Konstruktion, der Verzierung (besonders der Lehne) durch Drechselei, Kerbschnitt, Flachschnitzerei, Ritzarbeit, Sägearbeit, der Bemalung, der Herstellung der Sitzfläche durch Hanf-, Ruten- und Binsengeflecht usw. eine Unsumme von technischer Erfahrung wie von handwerklicher Eigenart niedergelegt.

Der Tisch ist bis auf geringe Ausnahmen im allgemeinen der abgewandelte gotische Schragentisch oder der barocke vierbeinige Tisch. Beim Schragentisch (Abb.18) tragen zwei durch Latten verbundene Böcke eine rechteckige Tischplatte. Bei reicherer Ausbildung erhält der niedrigere Bock eine Zarge, auf der die Platte ruht. Der in der Zarge befindliche Hohlraum erhält meist einen Schiebekasten. Im Barock kommen, besonders durch den holländischen Einfluß, in den Elbmarschen, aber auch in Norddeutschland bis nach Ostpreußen die geradbeinigen Tische ins Bauernhaus. Vier kräftige Stützen, meist in Kugelform gedrechselt, durch diagonale oder vierseitige Fußleisten unten miteinander verbunden, tragen einen starken Sockel, auf dem die Tischplatte ruht (Abb. 20). Truhe und Schrank sind, soweit Volkskunst historisch kontrollierbar ist, also seit dem 16. Jahrhundert, Gemeingut des Bauernhauses und Stadthauses. Sie nehmen als anspruchsvollere Möbel am stärksten am Wandel der städtischen Zeitstile und ihrer konstruktiven Entwicklung teil. Die sehr alten Dachtruhen, wie sie in den Alpenländern und in Siebenbürgen erhalten sind, entwickeln sich in Anknüpfung an antike Möbelformen zu der gotischen Stollentruhe; in der Renaissance tritt an die Stelle der Stollen ein Sockel, das Barock bringt den kofferförmigen Truhentyp und das Rokoko die Kommode.

Der Schrank entwickelt sich in zwei Grundtypen, aus dem gotischen Stollenschrank mit Vertikalraum und aus der Truhe, deren Kasten-

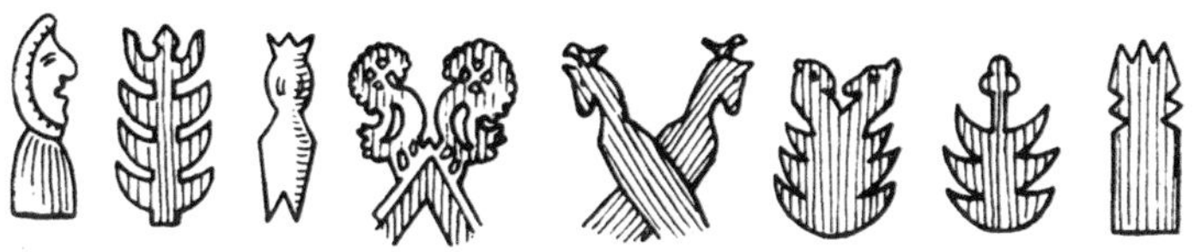

14. Giebelbretter aus Norddeutschland

form mehrfach übereinandergestellt im 15. Jahrhundert den Kastenschrank mit horizontal gegliedertem Raum ergibt. Beide Typen verschmelzen im 17. Jahrhundert miteinander. Obwohl die vielfachen Formvarianten durch den Gebrauchszweck (für Kleider, Wäsche, Geschirr) bestimmt werden und sich in dieser Richtung abzweigen und fortentwickeln, kann man, besonders bei den sächsischen (Abb. 21) und fränkischen Schränken, noch im 19. Jahrhundert die gotische Grundform des Stollenschrankes deutlich erkennen. In Oberbayern ließ das Rokoko einen in dekorativer Hinsicht besonderen bäuerlichen Schrankstil aufblühen. Das bäuerliche Bett ist im norddeutschen, friesischen und niedersächsischen Gebiet in seiner altertümlichsten Form (oft, wie in der ostfriesischen Stube, elegant durchgebildet) die in die Wand eingebaute, verschlagartige Schlafstelle, durch Türen oder Vorhänge verschließbar. Der Typ des beweglichen Bettes ist im übrigen Deutschland verbreitet. Er ist ursprünglich ein offener Kasten, der sich dann zu einem Baldachinbett (Abb. 6) entwickelt. Im Rokoko, in der Mitte des 18. Jahrhunderts, fällt der Baldachin fort, und der hohe giebelartige Aufsatz am Kopfende (Abb. 15) wird zum Hauptschmuckteil. Als besonderer Typ ist in den Ostseegebieten wie auch in Siebenbürgen das einfache, oft auf der Langseite ausziehbare Bett vertreten. Die reiche Ausstattung der Bauernbetten durch Schnitzerei und Malerei, besonders durch religiöse Motive, geht auf die Bedeutung des Bettes als Ehebett zurück, das in katholischen Gegenden der Geistliche für den jungen Hausstand einzusegnen pflegte.

Die Grundform der Möbel entsteht hauptsächlich durch Säge und Drechselbank. So haben beispielsweise die Sessel des Alten Landes, der Wilstermarsch und ihrer Nachbargebiete ihre Grundform meist von der Drechselei erhalten, die pommerschen und ostpreußischen Schränke von der Säge. Die Verzierung erfolgt am Hartholz mit dem Eisen, durch Ritzen in einfachster Form und mit leichter Färbung oder in reicherer Schnitzerei wie bei den niederdeutschen Möbeln (Abb. 22) oder in den alemannischen Gebieten, Elsaß, Baden, Schweiz. Bei der Verwendung von weichem Holz tritt die Schnitzerei zurück und die Farbe oft als alleiniges Schmuckmittel auf. Die Bemalung erfolgt auf dem Holzgrund oder auf farbigem Grund mit starker Verschiedenheit in der Verwendung der Farbtöne und Ornamente, wobei neben Initialen und Datierung die Pflanzen- und Blumenmotive im Vordergrund stehen. Die Farbgebung ist oft von der landesüblichen Herstellung bestimmter Farben abhängig, wie die rote Bemalung der Hanauer Möbel von dem starken Krappanbau im Elsaß. Die Vierlande haben in der Intarsienkunst eine besondere handwerkliche Eigenart der deutschen volkstümlichen Möbeltischlerei entwickelt.

Während das Mobiliar durch seine Herkunft aus der Werkstatt des Tischlers (der es auch bemalte und oft genug der Dorfkünstler war) je nach der Begabung des Meisters und seiner Fortschrittlichkeit vielfache Spielarten aufweist, bewegt sich die holzverarbeitende Hausarbeit in engeren Grenzen. Die unendliche Fülle von Kleingerät in Haus und Wirtschaft trägt als immer vererbtes Formgut, das der Mode mehr entrückt ist, wie z. B. bei den Mangelbrettern, Leuchtern, Salzfässern, Löffelbrettern, den Spinn- und Webegeräten oder den alpenländischen Trüherln, den Butter- und Kuchenformen, Löffeln, Schellenbögen, einen einheitlicheren Charakter und läßt nur in größeren Bezirken landesübliche Technik oder Musterung zum Vorschein kommen, wenn auch die Abwandlung des Einzelstückes natürlich äußerst mannigfaltig sein kann. Gerade am Kleingerät heben sich wieder besondere Landschaften hervor, so etwa die hochentwickelte Kerbschnitzerei an der Nordsee und in Niedersachsen, die Spanschachtelherstellung im süddeutschen Alpenland, die Beinschnitzerei in Berchtesgaden. Die figürlichen Holzarbeiten haben sich größtenteils auf bestimmte Waldbezirke konzentriert, wie die Herstellung von religiösen Schnitzereien und Spielzeug in den bekannten Schnitzerdörfern in Bayern (Gröden, Berchtesgaden, Oberammergau), in Tirol, im Schwarzwald, Erzgebirge und Thüringer Wald, wo noch heute eine starke Spielzeug-Heimindustrie lebt. Schon im Jahre 1729 führte Sonneberg in Thüringen 12000 Zentner Holzspielwaren in alle Welt, besonders aber nach Rußland aus[1], die dort erkennbar das russische Volksspielzeug beeinflußt haben. Die lebendigste Ausbildung der Volksschnitzerei ist wieder in Verbindung mit dem Brauch entstanden: die Krippenkunst. Als am Ende des 19. Jahrhunderts in der Aufklärungszeit die großen Krippen aus den Kirchen verbannt wurden, lebten sie im Volke als Hauskrippen weiter.

[1] Karl Groeber: Alte Oberammergauer Hauskunst, Augsburg 1930, S. 19.

In der Herstellung der Menschen- und Tierfiguren, besonders aber in der Schilderung des Gesamtbildes vom Leben und Sterben Christi, sind (wie heute noch beim Bau der Weihnachtspyramiden im Erzgebirge) alle Kräfte des Volkskünstlers lebendig, von der primitivsten Schilderung bis zur feinsten Realistik, die besonders in den Tierfiguren zum Ausdruck kommt, oder bis zur geschlossenen dramatischen Gestaltung der großen Weihnachts- und Passionskrippen. Ein Zug monumentaler Typisierung ist auch in den geschnitzten Holzmasken (Abb. 34 und 35) erkennbar, die bei den Frühjahrsbräuchen (bei den Salzburger Perchtenläufen u. a.) in den Alpengebieten getragen wurden und Dämonen oder andere geistige Mächte versinnbildlichen sollen. Für die in Süddeutschland (in Rottweil und Villingen) in der Fastnachtszeit geübten Narrenbräuche werden heute noch Masken geschnitzt, wie auch für die im Schweizer Sarganserland dort noch lebendigen Maskenbräuche der Fastnachtszeit, in denen sich starke urtümliche Züge kultischer Bräuche aus der Vorzeit erhalten haben.

## Gewebe und ihre Bearbeitung

Das nächste große Werkstoffgebiet, das textile Gewerbe, überwiegend eine Frauenarbeit, ist bereits auf einen Veredlungsprozeß des zu verarbeitenden Rohstoffes, auf die Kultivierung der Gespinstpflanzen und der Haartiere angewiesen. Wie bedeutend das textile Volkswerk war, beleuchtet die Tatsache, daß im Jahre 1911 in der Provinz Hannover noch 40000 Webstühle gezählt wurden[1]. Bis vor 100 Jahren wurde ja der gesamte textile Bedarf der Volkswirtschaft noch im Handwerk und größtenteils als Hausarbeit erzeugt. Auch die Spinn- und Webekunst ist ein aus der Vorzeit überliefertes Handwerk. Mythos, Sage und Märchen, zahlreiche Bräuche und viele Sprachbilder weisen auf die Bedeutung des Spinnens und Webens und seiner Begleithandwerke hin.

Die Gewinnung des Werkstoffes von Tier und Pflanze und ihre Verarbeitung bis zum Gewebe ist überall die gleiche. Der älteste Webstoff war wohl die Wolle, erst später kam die Kultivierung der Gespinstpflanzen hinzu. Eine Fülle von alten Bräuchen knüpft sich an die Bestellung des Flachsfeldes. Die reifen Flachspflanzen werden ausgezogen, die Samenkapseln durch die Riffel abgerissen, die

[1] Denkschrift der Landwirtschaftskammer der Provinz Hannover. Hannover 1911.

15. Webemuster aus Siebenbürgen

Stengel werden am nächsten Morgen in Wasserlöcher oder Teiche gelegt, um einen Fäulnisprozeß durchzumachen, dann werden sie an der Sonne oder auf der Flachsdarre des Hofes oder Dorfes geröstet, später auf der Brechlade, um die holzigen Bestandteile zu sondern, gebrochen und mit dem Schwingelbrett auf einem Gestell geschlagen, schließlich auf der Hechelbank durchgehechelt. Hierbei fällt das Werg ab und der Werkstoff, der Lein, ist von allen für die Spinnerei ungeeigneten Bestandteilen gereinigt. Seine Verarbeitung zum Faden ist das Spinnen. Aus dem Leinbündel, das auf dem Rockenstock befestigt ist, wird mit der linken Hand die Faser gezogen, mit der rechten die in der Luft schwebende oder auf dem Boden sich drehende Spindel, an welcher der entstehende Faden befestigt ist, in Bewegung gesetzt. Diese früheste und primitive Technik des Spinnens, wie sie bei uns noch in Ostpreußen ausgeübt wird, wurde seit dem Mittelalter durch das Spinnrad, dessen älteste Erwähnung sich im Hausbuch der Familie Waldburg um 1480 findet, übernommen.

Die Erzeugung des Gewebes erfolgt auf einem Gerät, das schon aus der frühen Vorzeit verbürgt ist, dem Webstuhl. Es entsteht gewissermaßen durch mechanisiertes Flechten. DasWeberschiffchen mit Spule und Einschlagfaden wird zwischen den Fadenreihen der durch eine

16. Stickereimuster aus den Vierlanden

Trittvorrichtung in zwei Fädengruppen teilbaren Kette durchgeführt. Das Verflechten der Kettfäden mit dem Einschlag nennt man Bindung; das Muster ergibt sich durch wechselnde Anordnung der Kettfäden oder durch farbigen Einschlag und Aufzug. Die Muster der Beiderwandweberei z. B. entstehen durch die bunten Wollfäden in der ungefärbten Leinenkette. Auch das Färben (meist mit Pflanzenstoffen) war eine besondere Hausarbeit, die den Frauen oblag. Die Veredlung der Stoffe erfolgt aber größtenteils nicht im Gewebe selbst, sondern durch Verzierung einfacher und einfarbiger Stoffe mit Stickerei und Druck, besonders durch Stickerei, von der Hunderte von Mustern und Sticharten in den Stickmustertüchern niedergelegt sind. Diese volkstümliche Ornamentik ist heute noch in der Handarbeit der Frauen lebendig geblieben.

Die Verwendung der Zutaten erstreckt sich auf die verschiedenartigsten Materialien, von der Federkielstickerei auf den alpenländischen Männergürteln bis zur Verwendung von Gold- und Silberfäden, von Glasperlen, Flitter, Leder, Seide, Wolle usw., besonders an Trachtenteilen, wobei neben den konventionellen Grundmotiven eine Fülle von persönlichem Schmucksinn und dekorativer Begabung zur Geltung kommt, besonders dort, wo der Einfluß klösterlichen Kunstgewerbes lange wirksam gewesen ist. Auch die Strickerei ist (im Gegensatz zu der übrigen textilen Handarbeit vielfach von Männern, besonders von Schäfern, betrieben) wie in Ostpreußen, Pommern, Hessen zu einer traditionellen Kunstübung ausgebildet, ebenso wie die Applikationstechnik, die sich von den einfachen Stücken (wie die Kammtasche aus Holstein, Abb. 47) zu wahren Glanzleistungen ornamentaler Volkskunst erhebt, wie bei dem Görlitzer Teppich (Abb.46). Ein besonderer Zweig der textilen Volkskunst, heute noch lebendig, aber durch seine Industrialisierung immer weniger originell, ist die Spitzenklöppelei, die, vielfach erst in jüngerer Zeit künstlich überpflanzt, im Erzgebirge (1561 von Barbara Uttmann in Annaberg eingeführt), im Böhmerwald, in Schlesien, aber auch in Niedersachsen (Tondern und Liebenau) und Oberfranken fortbesteht.

Die durch Musterung in sich verzierten Gewebe dienen meist dekorativen Zwecken als Vorhänge, Bettgardinen, Tischdecken, kirchliche Stoffe, unter denen die Beiderwandbildwebereien in Schleswig-Holstein und die um das 18. Jahrhundert aufkommende Damastweberei in Schlesien hervortreten. Das gleiche gilt von den Erzeugnissen der Zeugdruckerei, die als Begleithandwerk der Weberei überall anzutreffen war oder sich in gewissen Gegenden konzentrierte und dort zu einem starken Exportgewerbe wuchs, wie in Augsburg, in der Calver Gegend, in Laichingen auf der Schwäbischen Alb, und die auch vielerlei Stoffe meist als Blaudruck für die Frauenkleidung lieferte.

Die Ornamentik der einfachen Webereien ist vorwiegend geometrisch, dazu treten die übrigen schon genannten Volkskunstmotive, wie das in Siebenbürgen beliebte Hirschmuster, das in der ganzen europäischen Volkskunst nachzuweisen ist. Die handwerklich betriebene Bildweberei und Zeugdruckerei (Abb. 43 und 44) bevorzugt Motive aus der Bibel, aus Sage und Geschichte und aus dem Zeitgeschmack der städtischen Mode.

Die Stickerei, weniger an das zünftige Handwerk gebunden, folgt auch stärker den typischen Volkskunstmotiven, von welchen besonders das Motiv des Baumes mit dem Doppelvogel tausendfache Abwandlungen erfährt, als blühender Blumenkorb oder als dreiteilige Tulpe, in immer neuen feinempfundenen und sichergefaßten Formulierungen, meist mit der typischen Neigung zur Abstraktion. Die gestickten Schultertücher, besonders im pommerschen Weizacker (Abb. 45), aber auch in Niedersachsen oder in Hessen, sind wahre Prachtstücke künstlerischer Nadelarbeit, ebenso wie die feinen Stickereien in den Vierlanden und ihren Nachbargebieten.

## Volkstrachten

Die textile Hauptleistung der deutschen Volkskunst ist in den deutschen Volkstrachten zusammengefaßt. Sie haben sich aus der einfachen einheitlichen Volkskleidung des Mittelalters in natürlicher Anlehnung an die höfische und städtische Modetracht entwickelt und im 18. Jahrhundert zu der großartigen Vielseitigkeit entfaltet, deren Reste noch heute vorliegen. Karl der Große hat in einer Kleiderordnung eine einfache gleichartige Volkstracht festgelegt; im 14. Jahrhundert beschreibt der österreichische Geschichtsschreiber Ottaker die Kleidung der Bauern in Kärnten als aus Rock, Hose, Mantel und Hut in grauer Farbe bestehend. Erst durch den Einfluß der deutschen Kleinstaatenbildung, durch den 30jährigen Krieg und durch die Auflockerung der ständischen Grenzen im Rokoko erfolgt mit dem Aufblühen des ländlichen Kunstgewerbes auch die dekorative Individualisierung der Berufs- und Volkstrachten. Die allgemeinen Hauptbestandteile der Männertracht sind: Mantel, Schoßrock, Kniehose, Strümpfe, Schnallenschuhe oder Stiefel, dazu die kurze Jacke und die Weste, von der das alte hemdartige „Brusttuch" verdrängt wurde. Kopfbedeckung ist die Mütze (Pelzmütze), der Schlapphut, der Rokokodreispitz und seine Abwandlungen und in jüngerer Zeit der Zylinder. Schnitt und Ausstattung verraten Einflüsse der militärischen Kleidung.

In der Frauentracht ist wesentlich das alte aus einem Stück bestehende hemdartige Kleid, das sich später in Rock und Mieder teilt. Mit dem verschiedenartigen, oft stark besetzten Faltenrock entwickelt sich das Mieder immer mehr zum Träger des typischen Schmuckes der jeweiligen Tracht. Dazu tritt das Halstuch und der Halskoller oder die Halskrause und der unter die Miederschnürung gesteckte Brustlatz, ein mit reichem Schmuck versehenes dekoratives Stück, sowie Schürze, Strümpfe, Strumpfbänder und Schuhe. Der Mantel, meist kurz, dient nur zu feierlichen Gelegenheiten. Von diesen Grundformen ist eine unzählbare Fülle von Abarten in Gebrauch gewesen. Das Prunkstück der weiblichen Tracht ist aber der Kopfschmuck, der in den Hauben und Brautkronen (Abb. 49, 50, 76) die vornehmste und kennzeichnendste Ausprägung erhalten hat. Der deutsche weibliche Volksschmuck besteht aus dem Halsschmuck (oft von riesigem Umfang, wie die Bückeburger Bernstein- und Metallkugelketten), dem Brustschmuck, in Form von

Schnallen und Spangen, dem Mieder- und Gürtelschmuck. Dazu treten Finger- und Ohrringe, Haarnadeln und Haarkämme. Der Schmuck wird nur als Festschmuck getragen.

Gerade an der Volkstracht ist der Begriff des gesunkenen Kulturgutes am häufigsten demonstriert worden. Aber auch hier liegt derselbe Vorgang wie bei allen Volkskunstwerken vor, die im Zusammenhang mit städtischem und ständischem Kunstschaffen stehen: das Land nahm städtische alltägliche Modeteile auf und erhob sie zu feierlichen Stücken, indem es sie umbildete und seinem Geschmack anpaßte. Es folgte der städtischen Mode in längerem Zeitabstand, nahm immer neue Teile hinzu und verschmolz sie mit dem bisher Übernommenen. Je schneller die städtische Mode wechselte, um so größer wurde die Mannigfaltigkeit und Selbständigkeit der Volkstrachten, die um die Mitte des vorigen Jahrhunderts noch in einer unübersehbaren Fülle von Varianten vorhanden waren. Aber es ist kein Zweifel: was aus der Stadt als überlebt zum Land herabsank, wurde vom Land wieder gehoben und als eine ganz andersartige dekorative Leistung umgeschaffen. Die andersartige geistige Welt des Bauerntums gestaltete die für die Stadt sinnlosen Zusammenstellungen neu durch ihre Einfügung in die stetigen Ausdrucksmittel des ländlichen Volkstums und durch eine hochstehende Handwerkskultur. Das städtische Vorbild war, wie das hohe Kunstwerk für den Volksschnitzer, nur das Modell. Schnitt, Zutaten, Schmuck und Verwendung wandelten und belebten es, dem Schmuckwillen der Orts-, der Landschafts- oder der Stammesart entsprechend. Auch die Volkstrachten sind nicht starr gewesen, sondern haben sich bis in die neueste Zeit verändert. So sind die riesigen Bückeburger Flügelhauben erst um 1875 aufgekommen, auch die Näherin, die sie zuerst anfertigte, ist bekannt.

Diese Eigenart und Stetigkeit in formaler Hinsicht erklärt sich auch aus der Aufgabe der Trachten für die gesellschaftliche Gruppierung. Sie unterscheiden sich zunächst innerhalb der männlichen und weiblichen Trachten als Burschen- und Mädchen-, Männer- und Frauentrachten. Die Heirat des Mädchens ist durch den Trachtenwechsel, durch die Anlegung der Frauentracht, sozial festgelegt. Außerdem finden sich die Momente des Kirchen- und Arbeitsjahres in den besonderen Trachten ausgeprägt; neben der täglichen Werktracht gibt es eine Sonntagstracht, Abendmahlstracht, Hochzeitstracht, Trauertracht und Kirmestracht. Ein genaues Zeremoniell regelt innerhalb dieser Varianten die Einheitlichkeit des Stoffes, Zutaten, Farbigkeit und Schmuck. Ein besonderes Merkmal der Volkstrachten liegt in den landschaftlich abgegrenzten starken Verschiedenheiten dieser vorgenannten Gruppen; oft haben Nachbardörfer ihre Trachten in den stärksten Abweichungen, vielfach auch als Ausdruck konfessioneller Unterschiede, ausgebildet. Infolge der deutschen Kleinstaaterei entwickelten sich in den durch zahllose weltliche und kirchliche Herrschaften gegliederten Stammesgebieten ebenso vielfache Eigentümlichkeiten der Kleidung. Sie waren gesellschaftliche Ausdrucks- und Unterscheidungsformeln dieser Dorfgemeinschaften, die betont wurden, während ja die Ausbildung des Hausbaus und der Geräte in den entsprechenden Wirtschafts- und Siedlungsgebieten ziemlich gleichartig blieb. Innerhalb der verschiedenen Landschaften und Stammesgebiete, an der See, in der Heide, in Schlesien, Hessen, Baden, Tirol usw., haben sich große, nach übergeordneten Gesichtspunkten zusammengehörige Trachtengruppen herausgebildet, die sich auch in Bevorzugung gewisser Zutaten, bestimmten Schmuckes, wie der Bernsteinkette in Niedersachsen, der Metallstickerei an der Unterelbe oder des schwäbischen Filigranschmuckes, ausprägen. Oft bildet der Schmuck eine Angabe des Wohlstandes, die Höhe der Mitgift wird durch die Zahl der Streifen am Rock angedeutet, wie es die hessischen Mädchen durch in die Strümpfe gestrickte Falten taten. Die Breite des Jackenumschlages, die mit großer Sorgfalt innegehalten wird, kennzeichnet die Zugehörigkeit zu diesem oder jenem Dorfe des Kirchspiels. Wie stark dekorativ die Leistungen der einzelnen Trachten sein können, und wie sie auch in der Wiederholung als Gesamtbild wirksam sind und dadurch noch gesteigert werden, zeigt das Beispiel der siebenbürgischen Mädchentracht (Abb. 52) aus Bistritz.

Die einheitliche Lebensform der ländlichen Gemeinschaft hat die Volkstrachten erhalten, wenn sie auch immer durch Zeiteinflüsse gewandelt wurden. Trachten einer noch stärker von der Zeitwandlung unabhängigen Gemeinschaft wie der Mönchs- und Nonnenorden haben sich entsprechend länger unverändert erhalten. Die Trachten waren wandelbar in ihren Teilen zu immer neuen Varianten, aber als Ganzes, in der Art ihrer Ausdrucksmittel, ihrem inneren Wesen nach beständig. Sie wünschten die Eigenart ihrer Trägergruppen zu betonen, Unterschiede der Volksgebiete untereinander hervorzuheben, aber auch zur Stadtmode hin eine gewisse Anpassung zu erstreben. Besonders in den deutschen Siedlungsgebieten und Siedlungsinseln ist die Volkstracht Äußerung des Stammesbewußtseins. Die Volkstrachten waren aufs engste mit dem heimatlichen Leben, seinen Besonderheiten und Gewohnheiten verknüpft und bargen in sich viel mehr als nur schmückende Tätigkeit. Sie mußten untergehen, als diese inneren Zusammenhänge nicht mehr aufrechterhalten werden konnten. Als der Wert der Eigenproduktion sank, weil man leicht städtische Ware in größerer Auswahl und billiger bekam, verlor der bäuerliche Stolz an der Hausarbeit, der sich durch aufgestickte Initialen und Namen von Siebenbürgen bis nach Friesland kennzeichnet, die innere Berechtigung. Die Fabrikationsmethode nach dem Katalog machte alle Eigenart illusorisch, die Billigkeit der Fabrikware war überzeugend, der raschere Verkehr, die Heeresdienstpflicht, die Zusammenfassung größerer politischer und wirtschaftlicher Gebiete, die Freizügigkeit lösten die alte Gebundenheit und Abgeschlossenheit auf. Der städtischen Vereinheitlichung war das „altfränkische" Bauerntum auch innerlich nicht gewachsen. Es gab zunächst ein Stück der Eigentracht her und nahm erst für das Sonntagskleid die Stadtkleidung an, um dann mehr und mehr von der Tracht abzulegen, die merkwürdigerweise im Gesamtton zusehends dunkler wurde und gewissermaßen erlosch. Wenn man sich klarmacht, welche Macht an lebendigstem Volksbesitz, an handwerklichem Können in diesen letzten Jahrzehnten mit der Tracht, für die immer wieder neu geschaffen werden mußte, verlorenging, so erscheint dieser Vorgang als ein die Wende der Zeitalter kennzeichnender Vernichtungsprozeß.

Es gibt noch Trachtenreste bei Ochsenfurt und Schweinfurt in Unterfranken, im Hummelgau, in der Schwalm, im Biedenkopfer Kreis, auch die Marburger Hessentracht ist noch lebendig. Es wird noch Tracht getragen in Minden, Osnabrück, Bückeburg, Schaumburg-Lippe, im Spreewald und in Oberschlesien, in mehreren Schwarzwaldtälern Badens und Württembergs, in den deutschen, österreichischen und Schweizer Alpengebieten ebenso wie in den alten deutschen Siedlungsgebieten, in Iglau, im Schönhengstgau, und besonders in Siebenbürgen. Es ist kein Zweifel, daß auch diese meist schon stark vereinfachten Trachten eines Tages erloschen sein werden, wie die alten städtischen Berufstrachten.

## Keramik und Glas

Auch die Verarbeitung der Erden, der Tone zu Keramik, der Quarzarten zu Glas, ist ein aus der vorgeschichtlichen Zeit schon in einer gewissen Kulturhöhe überliefertes volkstümliches Handwerk, besonders was die Töpferei anbetrifft. Die reichen Tonlager in ganz Deutschland haben fast überall eine starke Töpferei ermöglicht. Hervorzuheben ist im Rheinland die Hafnerkeramik am Niederrhein, in Issum, Hüls, Wickrath, die Steinzeugherstellung im Westerwald, in Siegburg, Raeren, Frechen, Köln, in Westfalen die Münsterländer Töpferei, das Warendorfer Steinzeug, das Telgter Steingut, in Niedersachsen die Werkstätten in Kellinghusen, Osnabrück, Stade, Braunschweig, Hildesheim, Goslar, in Thüringen die Bürgeler und Ummerstädter Ware, in Schlesien das Bunzlauer Steinzeug und die Lausitzer Keramik, die Töpfereien in Hessen, Franken, Bayern, Schwaben, Österreich, der Schweiz (Heimberg), im Elsaß das Oberbetschdorfer Steinzeug und die Fayencen aus Sufflenheim. Aber auch in Nordostdeutschland, Pommern, West- und Ostpreußen und den deutschen Siedlungsgebieten, wie z. B. in Siebenbürgen, hat die Töpferei, die der wandernde deutsche Handwerker vermittelte, in hoher Blüte gestanden; ihre in die Museen geretteten Überreste weisen auf eine unübersehbare Fülle von originellen Werkstätten hin, von denen heute nur noch (abgesehen von den modernen Kunstgewerbewerkstätten) gegen 90 selbständige Töpfer in ganz Deutschland ein vergessenes Dasein fristen. Die keramische Industrie hat den kleinen Meister zum Ofensetzer werden lassen und die individuelle handwerkliche Arbeit unrentabel gemacht, nachdem das Emailgeschirr die billigen Tonwaren verdrängt hatte. Gerade die Töpferei zeigt die starke Verbundenheit der Volkskunst mit dem Handwerk, das im Dorf oder in der Kleinstadt für die breiten Volksmassen arbeitete und bei aller künstlerischen Individualität doch volkstümlich bleiben mußte. Vielfach war ja auch der Töpfer ein Bauer, der nur in den Wintermonaten, wenn die Landarbeit ruhte, Tonwaren brannte.

Die einfachste und älteste Gattung der Keramik ist mit der Hand aufgeformt; im Mittelalter brachte die aus Italien eingeführte Drehscheibe ebenso wie die Glasur eine Verbesserung im Arbeitsprozeß und technische Bereicherung. Die Verzierung der auf der Töpferscheibe geformten Ware erfolgt durch Ritzen, Stechen und Prägen (mit Holzstempeln) des Tones, durch Bemalung in verschiedenen

Farben mit dem Pinsel oder mit der Gießtüte (dem Malhorn), durch Auflegen von reliefartigem Schmuck, durch Behandlung mit farbigen deckenden Glasuren. Der abschließende Werkvorgang ist immer der Brand. Hinsichtlich der technischen Beschaffenheit lassen sich etwa fünf Arten der volkstümlichen Keramik unterscheiden. Erstens das einfache unglasierte Tongut, zweitens das Steinzeug (Abb. 58), aus besonderem, nur an wenigen Stellen (wie z. B. im Westerwald) gefundenem Ton hergestellt, dessen Scherben, grau oder braun brennend, sehr hart sintert, meist mit Blau bemalt und mit durchsichtiger Salzlasur überzogen wird. Drittens die sogenannte Hafnerkeramik, mit Farbe oder farbigem Tonschlicker und mit Bleiglasur behandelt. Viertens Halbfayence, deren meist unreiner Scherben mit weißem Tonschlicker (Anguß oder Engobe) überzogen wird; die Ornamentierung erfolgt durch Bemalung oder durch Auskratzen von Mustern aus dem Anguß, darüber wird eine durchsichtige Bleiglasur gelegt. Fünftens Majolika oder Fayence, das bäuerliche Porzellan, deren Scherben erst mit deckender weißer Zinnglasur überzogen wird, auf der dann mit Oxydfarben gemalt wird. Alle Gruppen bis auf das alte Tongut und auf das Steinzeug, das nur einen Brand benötigt, erfordern zweimaligen Brand. Im ersten Brand wird das geformte Geschirr roh gebrannt, der zweite Brand (Garbrand) erfolgt nach der Ornamentierung und Glasierung. Der Reiz der volkstümlichen Töpfereien besteht in der naiven Kraft der Darstellung, in der sinnvollen Ausnutzung der einfachen Ausdrucksmöglichkeiten des keramischen Werkstoffes, die oft, wie bei der niederrheinischen Schüssel (Abb. 62) oder bei dem durchaus nicht seltenen Prachtstück des schlesischen Meisters (Abb. 54), zu ansehnlichen Spitzenleistungen der Töpferkunst führt. Auch hier finden wir das zähe Festhalten der Werkstätten am überlieferten Formschatz, finden wir die zeitlosen typischen Volkskunstornamente mit starker Bevorzugung geometrischer Formen, wie sie das Malhorn oder die Drehung des Gefäßes beim Begießen mit dem Anguß hervorbringt, und die bekannten gegenständlichen Motive, die auf allen Werkstoffgebieten der Volkskunst wiederkehren. Neben dieser strengen Ornamentik reizt ja Kachel, Teller und Krug auch zu freierer Darstellung, und so finden sich überall Schilderungen aus dem täglichen Leben, aus der Zeitgeschichte und aus dem Gesellschaftswesen, aus Legende und Kult, vielfach humoristischer Natur und mit frischer Eindringlichkeit formuliert. Besonders die beliebten Schriftteller bergen viel volkstümlichen Humor und alte Spruchweisheit. Vorlagen von Holzschnitten,

Kupferstichen und Volksbüchern, Anlehnung an Beispiele aus der Hinterglasmalerei, aus der Metallarbeit sind deutlich erkennbar. Einen großen Anteil der Ausschmückung, besonders der Bemalung, haben die Frauen geleistet.

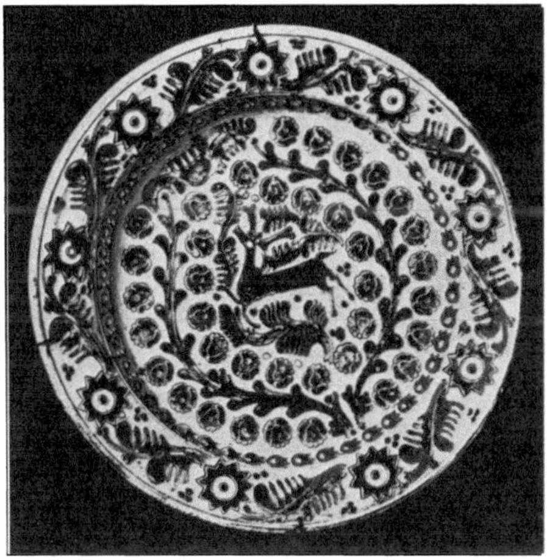

17. Steingutteller aus dem Westerwald

Wie bei den Möbeln zeigt sich auch in der Keramik die Bindung an die zeitgenössischen Kunststile, wo eine Werkstätte sich kräftig entwickelte und der Produktion eine persönliche Geschmacksnote verlieh. An einer solchen Errungenschaft halten dann die Nachfolger fest, leichte Abwandlungen schwächen nach und nach die scharfe Formulierung, die Form „sinkt", und das Volkstümlich-Zeitlose oder ein neuer Einfluß setzt sich durch. So hat z. B. die Werkstätte des Meisters Ohnhaus, Schöllkrippen im Spessart, bis heute die mittelalterlichen Formen (Abb. 65) fortgesetzt. Die religiösen Themen in der Keramik zeigen naturgemäß eine starke Abhängigkeit von den Vorbildern, die sich in der Dorfkirche, an einem Wallfahrtsort oder in frommen Büchern befinden und deren stilistische Elemente mit dem religiösen Inhalt als eine zusammengehörige Einheit nachgebildet werden. Das keramische Spielzeug, meist Pferde, Hirsche, Hühner usw. oft zu Wasserpfeifen ausgebildet, hat, wie überall in der Welt, auch in Deutschland den Charakter primitiver Urbildnerei.

Der Ofen ist oft, soweit er nicht aus den einfachen Topfkacheln besteht, ein Prunkstück der bäuerlichen Häuser, besonders in Süddeutschland. Auch die volkstümliche Kachelkunst in Relief und Malerei zeigt überall die alte Bedeutung des Töpfers als Volkskünstler und eine erstaunliche Fülle von Phantasie und ursprünglicher Darstellungsgabe, die selbst in den Ornamenten der Ziegler sich auswirkt.

18. Schwarzwälder Kachel

Das dem Werkstoff nach mit der Keramik zusammenhängende Gebiet, die Glasmacherei und ihre Nebenarbeiten, ist noch stärker fachhandwerklich als die Töpferei; nur das Blasen vor der Lampe und die Veredlungsarbeiten, Schleifen, Gravieren, Bemalen usw. werden vielfach als Hausarbeit ausgeführt. Auch die Glasmacherei ist stark auf das Vorhandensein geeigneter Rohstoffe angewiesen. Quarz oder Quarzsand und Holz, das zu Pottasche verarbeitet wird, finden sich in den Waldgebieten Deutschlands, besonders in den großen Waldgebirgen, im Riesengebirge, im Thüringer Wald, im Fichtelgebirge, im Schwarzwald, im Böhmer Wald, in Tirol; dort haben sich auch die natürlichen Zentren der Glasherstellung gebildet. Das volkstümliche Glas ist meist, wie die Schnapsflaschen (Abb. 66), die Widmungsgläser und Flakons, mit Schwarzlot oder Schmelzfarben bemalt oder in einfacher Auflegetechnik mit Nuppen und Ringen verziert oder geritzt und geätzt. Eine höhere Stufe handwerklichen Könnens erfordern die Fadengläser, die besonders in Böhmen und Schlesien unter venezianischem Einfluß hergestellt wurden. Die Volkskunst erhält aber eins ihrer wertvollsten und originellsten Güter aus der Hand des Glasmalers, das ist, neben der früher besonders in Niedersachsen stark verbreiteten Schmuckfenstermalerei, das Hinterglasbild. Es ist der wichtigste Hausschmuck des Herrgottswinkels, meist ein Heiligenbild oder in protestantischen Gegenden eine Spruchtafel. Für dieses hochinteressante Gebiet fehlen leider noch bis auf einige örtliche Untersuchungen größere Vorarbeiten, so daß eine zusammenhängende Darstellung der Geschichte, Ausbreitung und Eigenart der Glasbildmalerei, ihre Beziehungen zu den Gnadenbildern oder anderen kirchlichen Vorbildern, zur zeitgenössischen Graphik und Malerei noch eine Zukunftsaufgabe der Kunstforschung bleibt. Gerade hierbei zeigt sich an der Benutzung von Vorlagen der hohen Kunst der Umstilisierungsprozeß

19. Schmiedeeisernes Grabkreuz aus Thüringen

in der Volkskunst besonders deutlich. Obwohl reine Massenware, hundertfach in größter Arbeitsteilung hergestellt, so daß oft mehrere Maler wie am laufenden Band ein einzelnes Bild herstellten, bildet doch die Energie der Formel durch die leuchtenden Farben und die Sparsamkeit der Zeichnung ein künstlerisches Ausdrucksvermögen von unmittelbarer Wirkung. Es wurde schon erwähnt, daß in der modernen Malerei der Expressionismus und die Plakatkunst starke Anregungen von den alten Hinterglasmalereien empfangen haben.

Ein Rest von lebender Volkskunst ist die Glasbläserei im Thüringer Wald, besonsers in Lauscha. Hier werden noch in reiner Heimarbeit jene reizenden Glastiere (Abb. 68), Hirsche, Hunde usw., vor der Lampe geblasen, ebenso wie der Glasschmuck für den Weihnachtsbaum, der für die ganze Welt in Lauscha und Umgegend hergestellt wird. Die Wirtschaftsstatistik des Deutschen Reiches notiert für das Jahr 1927 den Betrag von 6 Millionen Mark für ausgeführtes Glasspielzeug und Christbaumschmuck.

## Metalle

Die Verarbeitung der Metalle (in Form von Rundmetall, Metallblech oder Metalldraht durch Schlagen, Ritzen, Gießen, Ziehen usw.) in der deutschen Volkskunst erfolgt fast ausschließlich von zünftigen Handwerkern, weil sie einen hohen Anspruch an technische Hilfsmittel stellt. Der Hauptwerkstoff ist das Eisen, in weiterem Abstande folgen Zinn, Kupfer, Messing, Bronze und die edlen Metalle Silber und Gold. In die ländliche Verarbeitung war nur das Eisen

20. 21.

Waffeleisen aus Westfalen

einbegriffen, das der Dorfschmied verarbeitete, während alles andere dem Spezialhandwerk in der Stadt überlassen blieb. Gerade der Dorfschmied ist wie der Dorftischler oft ein Tausendkünstler. Er ist nicht nur Hufschmied, sondern macht die Befestigungen beim Haus- und Gerätebau, die Maueranker, die Beschläge für Türen und Möbel, er macht die Spanhalter, Feuerböcke, Röstgabeln, Laternen, Wirtshausschilder, Wetterfahnen, die Ausstattung für Kirche und Friedhof, Gitter, Opferstöcke, Opfergaben, Leuchter, und Grabkreuze (Abb. 73—75). Die Schmiedung des Stabeisens zu Kreuzen und Gittern bringt reiche graphische Wirkungen hervor; es ist erstaunlich, welche Fülle von Formschönheit ein alter Dorffriedhof oft birgt, in dessen Kreuzen durch die schlichte und volksliedhafte Liniensprache hindurch immer wieder uraltes Motivgut klingt, auch das Lebensbaummotiv. In den Eisenplatten, wie sie besonders in der Gegend um Soest für die in den norddeutschen Küstengebieten üblichen eisernen Öfen (Abb. 8) gegossen wurden, hat sich ein Zweig volkstümlicher Gießereikunst entwickelt, von süddeutschen Gießereien sind die in Obereichstätt und Wasseralfingen hervorzuheben. Die Reliefbilder zeigen (stark vom Renaissancerelief angeregt) meist biblische Motive oder heraldische Darstellungen.

Das Zinn hat wegen seiner leichten Bearbeitung und Unzerbrechlichkeit früher eine große Rolle gespielt, besonders Zinnteller gehörten zum Bestand jedes Haushaltes, und Zinngießer gab es fast in jeder kleinen Stadt. Die leicht herstellbare Verzierung des weichen Metalls

22.

23.

Bettpfannen aus Ostfriesland und Holstein

durch Gravierung, durch Aussägearbeit und Ziselierung (wie bei den bekannten Thüringer zinnbeschlagenen Holzkrügen [Abb. 70] mit Schilderungen des Wald- und Jägerlebens) brachte es mit sich, daß gerade Zinngerät für Widmungen aller Art geeignet war und vom volkstümlichen Schmuckbedürfnis stark beansprucht wurde. Eine besondere Ausprägung hat das Zinngerät in den feierlichen Willkommen und Prunkbechern der Zünfte und Innungen gefunden, die man vielfach mit Recht zur Volkskunst zählt. Die volkstümlichste Mission des Zinnes aber haben die Zinnfiguren[1] (Abb. 71) übernommen, die in den Tragantbäckereien und den Ausschneidebilderbogen ihre Parallelen und Vorbilder haben. Sie entstanden (besonders gefördert durch die Nürnberger Zinngießerfamilie Hilpert) im 18. Jahrhundert und haben wie das deutsche Holzspielzeug hauptsächlich von Nürnberg aus eine ungeheure Verbreitung in der Welt gefunden. Die Verarbeitung von Kupfer, Messing, Bronze erfolgt meist für bessere und anspruchsvollere Geräte des Haushaltes: für Schüsseln, Kannen, Kessel. Auch hierbei setzt der Handwerker gern seine Ehre in kunstfertige Treibarbeit (Abb. 72) oder feine Profilierung. So ist auch im alten metallenen Hausrat des Bürger- und Bauernhauses eine bewundernswürdige Handwerkskultur anzutreffen, die selbst die Zweckform der einfachen Stücke, die Fußwärmer und Bettpfannen, die Plätteisen, Mörser, Ofentüren, Leuchter, Dosen, Kaffeemühlen, Teller, Schüsseln, Kessel und

[1] Vergl. Th. Hampe, der Zinnsoldat, Berlin 1924.

Wasserbütten, Kannen und Becher, Salzfässer und Kuchenformen mit unermüdlicher Liebe zur Gestaltung in immer neuen Variationen der geläufigen Muster verziert.

Die edlen Metalle, Silber und Gold, haben in der Volkskunst nur zur Herstellung von Schmucksachen gedient. Der bäuerliche und kleinstädtische Schmuck für Frau und Mann ist fast allgemein aus Silber. Goldschmuck ist eine große Seltenheit und wurde im allgemeinen nur in Ostfriesland getragen. Die Herstellung des bäuerlichen Schmuckes erfolgte in der Stadt beim Goldschmied, der neben den im Zeitgeschmack hergestellten städtischen Schmucksachen den zur Volkstracht gehörigen Schmuck gesondert anfertigte. Die Ringe und Ohrringe, Spangen und Schließen, Hefteln, Nadeln, Knöpfe, Gürtel, Ketten zeigen in den verschiedenen Landschaften ein starkes eigenartiges Gepräge. In Norddeutschland findet sich, abgesehen von kugelförmigen Knöpfen, mehr der flache, oft scheibenförmige Schmuck in getriebenem Silber oder Goldblech, das durch Gravierung oder mit aufgesetzten Filigranornamenten und bunten Glassteinen verziert ist. Er weist in den Marschgegenden und in Friesland unter holländischem Einfluß in seiner minutiösen Feinheit bewundernswürdige Leistungen auf. Sehr altes Formgut findet sich in Norddeutschland in der Herzform des Brustschmucks, wie in der Verwendung des alten Baummotivs mit den zwei Vögeln in Verbindung mit Initialen und Datum, oder auch im siebenbürgischen Brautschmuck, der frühmittelalterliche Schmuckformen bis heute bewahrt hat. In Süddeutschland überwiegt der Silberfiligranschmuck, der ohne Folie weniger graphisch-ornamentale, sondern gegenständliche Formen erstrebt. In den altschwäbischen Florschnallen (Abb. 77) erhält er in Frucht-, Blüten- oder Blattgebilden oft eine nervenfeine Struktur.

Auch diese feine alte Kunst der ländlichen Gold- und Silberschmiede ist mit dem Boden, auf dem sie gedeihen konnte, mit den reichen Trachtengattungen, längst historisch geworden, und auch hierbei muß wieder darauf aufmerksam gemacht werden, daß in weitesten Volkskreisen, auch bei den für die Pflege und Erforschung der deutschen Kunst und Kultur berufenen Stellen, bisher eine erstaunliche Unkenntnis über die reiche nationale Handwerks- und Geschmackskultur bestand, die gewissermaßen über Nacht zugrunde ging und sich auch nach ihrer Auflösung einer unerklärlichen Nichtachtung erfreute, in einer Zeit, in der die öffentlichen Museen und Studienanstalten mit großen Mitteln die Zeugnisse der exotischen primitiven Kulturen zu retten für ihre Pflicht hielten.

DRITTER ABSCHNITT

# Volkskunst und Heimatpflege

Die Geschichte der deutschen Volkskunst endet mit dem 19. Jahrhundert. Die technischen Fortschritte in Verkehr, Wirtschaft und Handel hoben mit den großen Entfernungen auch die Abgeschlossenheit der völkischen Bezirke auf. Die Industrialisierung der Werktätigkeit ließ den Wettbewerb des Hausfleißes und Handwerkes mit den Fabrikanten bald als aussichtslos erscheinen. Eigenart und Eigenform, volkstümlicher Glaube und Formwille wurden von der großen vereinheitlichenden Welle der modernen Weltwirtschaft aufgelöst, die Gegensätze von Stadt und Land ausgeglichen, in einigen Jahrzehnten erlosch das gewaltige alte Volkshandwerk. Die wenigen selbständigen Töpfer, die heute noch für kleine Landbezirke arbeiten, sind weder wirtschaftlich noch künstlerisch lebensfähig; die Schnitzer, Glasbläser, Weber und Spitzenarbeiter der Heimindustrie sind, genossenschaftlich organisiert, vom Markt völlig abhängig, nur eine letzte Nachhut volkstümlicher Kunstübung. Alle Wiederbelebungsversuche, die in romantischer Selbsttäuschung unternommen wurden, mußten scheitern, weil die geistigen Voraussetzungen fehlten: die ererbte alte Volksglaubenswelt und die bodenständige Handwerkskultur. Deshalb hat auch das moderne Kunstgewerbe strenggenommen nichts mit Volkskunst zu tun, weil es nicht mehr naives Erbgut, sondern reflektiertes Zeitgut ist. Die Frage nach dem Verbleib dieser künstlerischen Volkskräfte, die sich neben der wissenschaftlichen Würdigung der Volkskunst erhebt, wird gerade in unserer Zeit, die um eine neue selbständige Formkultur ringt, immer wieder gestellt. Sie hat auch dazu beigetragen, dies Vermächtnis des deutschen Volkes für die künstlerische Volkserziehung stärker heranzuziehen. Tatsächlich ist in der Volkskunst ein wertvolles Grundgut einfacher Gestaltung erhalten, das durch seine eigen-artige technische und formale Überlieferung über seine zeitliche Lebensdauer hinaus Anregungen birgt. Die innige Verbindung von Werkstoff und Werkzeug, die das Muster niemals zum maschinellen Schema werden läßt, sondern es immer wieder neu erlebt und bildet, die den Instinkt für das Richtige wachhält, die einfache und doch starke Formsprache, die naive Freiheit der Gestaltung, das sind elementare Werte, die, auf dem Volksboden gewachsen, auch in den Volksbildungsprozeß eingeschaltet zu werden verdienen: Nicht um sentimental und rückschrittlich etwas Altes zu erneuern, sondern um daran die überzeitlichen Grundeigenschaften bildnerischer Tätigkeit zu studieren und das Recht auf persönliche Anteilnahme an der Arbeit schätzen zu lernen. Das moderne deutsche Kunstgewerbe hat ja in reichem Maße Anregungen von der Volkskunst genommen, die schwedische Hausfleißbewegung hat in enger Verbindung mit den Volksmuseen, auf dem noch vorhandenen Können der schwedischen Frauen aufbauend, eine leistungsfähige ländliche Heimarbeit ins Leben gerufen, die heute eine Jahresproduktion im Werte von 40 Millionen Kronen aufweist und sich mit der Textilindustrie in den Volksbedarf verträglich teilt. Ähnlichen Zielen ist die deutsche Jugendbewegung nachgegangen, die neben der Kenntnis von Heimat und Volkstum auch die Kenntnis vom volkstümlichen Werkschaffen als eine Erziehungsgrundlage ansieht. In gleicher Richtung liegen die Bestrebungen, die Volkskunst und ihre handwerklichen Werte im Werkunterricht der Schulen für die Gestaltungslehre nutzbar zu machen, wie etwa im Britsch-Kornmann-Institut in Starnberg.

Ebenso wie die wissenschaftliche Volkskunde in der Heimatkunde und Heimatpflege zu einer angewandten Volkskunde geworden ist, so hat auch das Vermächtnis der Volkskunst im Aufgabenkreis der Volksbildung eine wichtige Mission, sowohl als wissenschaftliches Thema für das Studium des Gesamtbildes unseres nationalen Schaffens in Kunst und Handwerk wie auch als allgemeiner Beitrag zur Erkenntnis und Pflege des deutschen Volkstums in seinen vielfältigen Einzelerscheinungen. Hier hat auch der neue Museumszweig, das Heimatmuseum, als Forschungs- und Bildungsstätte, deren Wert in der begrenzten, bodenverbundenen Verlebendigung des Geschichtlichen liegt, seine besondere Aufgabe, die noch der wünschenswerten Entwicklung und Entfaltung harrt.

# NACHWEIS DER BILDVORLAGEN

Die Textbilder Nr. 3, 4 u. 5, 7 u. 8, 19 u. 20 sind folgenden Veröffentlichungen entnommen: Rudolf Uebe, Deutsche Bauernmöbel, Berlin 1924, Wilhelm Fraenger, Jahrbuch für historische Volkskunde, Bd. II, Berlin 1926, A. Wrede, Rheinische Volkskunde, Leipzig 1922, Rudolf Uebe, Westfalen, in der Sammlung Deutsche Volkskunst, Delphin-Verlag, München.

Von den im Bildanhang gezeigten Gegenständen befinden sich Nr. 9, 10, 12, 13, 15, 18—20, 22—35, 37—40, 43—45, 47, 49, 50, 53, 55, 60, 64, 65, 67—69, 71—77 in der Staatlichen Sammlung für deutsche Volkskunde, Berlin
Nr. 5 im Hessischen Landesmuseum, Darmstadt
Nr. 6 im Germanischen Nationalmuseum, Nürnberg
Nr. 7 im Ostenfelder Haus, Husum
Nr. 8 im Altonaer Museum
Nr. 11, 41, 57 im Hessischen Landesmuseum, Kassel
Nr. 16 und 54 im Niederschlesischen Museum, Liegnitz
Nr. 21 im Oskar-Seyffert-Museum (Landesmuseum für Sächsische Volkskunst), Dresden.
Nr. 42, 48, 61 im Thaulow-Museum, Kiel
Nr. 59 im Heimatmuseum Lüneburg
Nr. 62 im Kaiser-Wilhelm-Museum, Krefeld
Nr. 66 im v. Bruckenthalschen Museum, Hermannstadt (Siebenbürgen)
Nr. 70 im Museum Erfurt

Die Photos für die Abbildungen Nr. 1, 3, 4 stellte Dr. J. M. Ritz, München
Nr. 2 Amtsgerichtsrat v. Baumbach, Fronhausen (Hessen)
Nr. 5 Dr. Zeh, Heppenheim
Nr. 6 Dr. Misch Orend, Hermannstadt
Nr. 8 Prof. Dr. Lehmann, Altona
Nr. 11, 41, 57 Prof. Dr. Luthmer, Kassel
Nr. 16, 54 Prof. zum Winkel, Liegnitz
Nr. 21 Prof. Oskar Seyffert, Dresden
Nr. 36 Dr. Herberg, Arnswalde
Nr. 42, 48, 62 Prof. Dr. Sauermann, Kiel
Nr. 61 das Deutsche Handwerksinstitut, Hannover
Nr. 62 Prof. Dr. Creutz, Krefeld
gütigst zur Verfügung.

Die Aufnahmen aus der Staatlichen Sammlung für Deutsche Volkskunde, Berlin, verfertigten Dr. Otto Bramm und Charlotte Schulze, Berlin, die Zeichnungen für den Textteil Anni Heinsius, Berlin.

# SCHRIFTENNACHWEIS


## Allgemeine und deutsche Volkskunde

Wilh. Heinr. Riehl, Die Naturgeschichte des Volkes, 3 Bde., Stuttgart 1853, jüngere Auflagen I. G. Cotta, Verlag, Stuttgart—Berlin.

Wilh. Heinr. Riehl, Die Volkskunde als Wissenschaft, in Kulturstudien aus drei Jahrhunderten, Stuttgart 1859.

Elard Hugo Meyer, Deutsche Volkskunde, Wien und Leipzig 1921.

Hans Naumann, Grundzüge der deutschen Volkskunde. Leipzig 1922.

John Meier, Deutsche Volkskunde, herausgegeben insbesondere zum Gebrauch der Volksschullehrer, Berlin 1926.

Fritz Böhm, Volkskunde, dem Atlas der deutschen Volkskunde zum Geleit. Berlin 1930.

Adolf Spamer, Die Volkskunde in „Grundzüge der Deutschkunde", Bd.2, herausgegeben von Hofstaetter-Schnabel. Leipzig und Berlin 1929.

Jahrbuch für historische Volkskunde, herausgegeben von Wilh. Fraenger.
Bd. 1. Die Volkskunde und ihre Grenzgebiete. Berlin 1925.
Bd. 2. Vom Wesen der Volkskunst. Berlin 1926.

Deutsche Stämme — Deutsche Lande. (Deutsche Volkskunde in Einzeldarstellungen.) Herausgegeben von F. v. d. Leyen bei Quelle & Meyer, Leipzig.
Bisher erschienen: O. Lauffer, Niederdeutsche Volkskunde; P. Satori, Westfälische Volkskunde; A. Wrede, Rheinische Volkskunde; E. Fehrle, Badische Volkskunde; K. Brunner, Ostdeutsche Volkskunde; A. Schullerus, Siebenbürgisch-Sächsische Volkskunde; P. Walther, Schwäbische Volkskunde; W. E. Peukert, Schlesische Volkskunde; E. Lehmann, Sudetendeutsche Volkskunde.

Forschungen zur Volkskunde, herausgegeben von Georg Schreiber, H. 4/5, Nationale und Internationale Volkskunde, von Georg Schreiber, Düsseldorf 1930.

Zeitschrift des Vereins für Volkskunde, Berlin von 1891—1928, seit 1929 als Zeitschrift für Volkskunde, herausgegeben von Fritz Böhm, Berlin.

Niederdeutsche Zeitschrift für Volkskunde, herausgegeben von E. Grohne und H. Tardel, Bremen.

Oberdeutsche Zeitschrift für Volkskunde, herausgegeben von Eugen Fehrle, Heidelberg.

Mitteldeutsche Blätter für Volkskunde, herausgegeben von F. Karg u. a., Leipzig.

Hessische Blätter für Volkskunde, herausgegeben von Hugo Hepding, Gießen.

Wiener Zeitschrift für Volkskunde, vorm. Zeitschrift für österreichische Volkskunde, herausgegeben von Michael Haberlandt, Wien.

Schweizerisches Archiv für Volkskunde, herausgegeben von E. Hoffmann-Krayer, H. Bächtold-Stäubli und J. Roux, Basel.

Volkskundliche Bibliographie, herausgegeben von E. Hoffmann-Krayer, Leipzig und Berlin seit 1917.

Handwörterbuch des deutschen Aberglaubens, herausgegeben von E. Hoffmann-Krayer und Bächtold-Stäubli. Berlin 1927.

### Volkstum und Volksbrauch

Justus Möser, Patriotische Phantasien. Berlin 1778.

Frhr. v. Reinsberg-Düringsfeld, Das festliche Jahr in Sitten, Gebräuchen und Festen der germanischen Völker. Leipzig 1863.

Wilhelm Mannhardt, Wald- und Feldkulte. Berlin 1875.

Moritz Heyne, Fünf Bücher deutscher Hausaltertümer. Leipzig 1903.

Hans Hahne, Vom deutschen Jahreslauf im Brauch. Jena 1926.

Eberhard v. Künßberg, Deutsche Bauernweistümer. Jena 1926.

### Volkskunstforschung

Alois Riegl, Volkskunst, Hausfleiß und Hausindustrie. Berlin 1894.

R. Mielke, Volkskunst. Magdeburg 1896.

O. Schwindrazheim, Deutsche Bauernkunst. Wien 1904. (2. Aufl. Wien—Leipzig 1931)

Heinrich Sohnrey, Kunst auf dem Lande. Bielefeld, Leipzig und Berlin 1905.

Robert Forrer, Von alter und ältester Bauernkunst. Eßlingen 1906.

Karl Mühlke, Von nordischer Volkskunst. Berlin 1906.

Michael Haberlandt, Österreichische Volkskunst. Wien 1911.

Michael Haberlandt, Werke der Volkskunst. Wien 1914.

Karl Spieß, Bauernkunst, ihre Art und ihr Sinn, Wien 1925.

Deutsche Volkskunst, herausgegeben von Edwin Redslob. Delphin-Verlag, München. Seit 1924.

Bisher erschienen: Wilh. Peßler, Niedersachsen; Werner Lindner, Mark Brandenburg; Max Creutz, Die Rheinlande; Hans Karlinger, Bayern; Karl Gröber, Schwaben; Joseph Ritz, Franken; Edwin Redslob, Thüringen; G. Grundmann und Konrad Hahm, Schlesien; Rudolf Uebe, Westfalen; Ernst Polaczek, Elsaß; Karl Heinz Clasen, Ostpreußen; Fritz Adler, Pommern

Konrad Hahm, Deutsche Volkskunst. Deutsche Buchgemeinschaft. Berlin 1928.

H. Th. Bossert, Volkskunst in Europa. Berlin 1926.

Das Bauernhaus im Deutschen Reich und seinen Grenzgebieten. Dresden 1906.

Das Bauernhaus in Österreich-Ungarn. Dresden 1906.

Aufleger-Halm, Bauernhäuser aus Oberbayern und angrenzenden Gebieten Tirols. München 1904.

Ch. Rank, Kulturgeschichte des deutschen Bauernhauses. Aus Natur und Geisteswelt, Bd. 121. Leipzig und Berlin 1921.

Alexander Schöpp, Alte volkstümliche Möbel und Raumkunst aus Norddeutschland. Elberfeld 1920.

Alexander Schöpp, Alte deutsche Bauernstuben. Elberfeld 1921.

Rudolf Uebe, Deutsche Bauernmöbel. Berlin 1924.

Karl Spieß, Die deutschen Volkstrachten. Aus Natur und Geisteswelt, Bd. 342. Leipzig 1911.

Rose Julien, Die deutschen Volkstrachten. München 1912.

Friedrich Hottenroth, Deutsche Volkstrachten. Frankfurt a. M. 1923.

Karl Gröber, Kinderspielzeug aus alter Zeit. Berlin 1928.

Adolf Spamer, Das kleine Andachtsbild vom 14. bis 20. Jahrhundert. München 1930.

John Meier, Kunstlieder im Volksmunde. Halle 1906. Derselbe: Volksliedstudien, Straßburg 1917.

Das Volkswerk, herausgegeben im Auftrage der Deutschen Volkskunstkommission von J. M. Ritz und A. Spamer. Verlag Dr. B. Filser, Augsburg. Bisher erschienen: Karl Gröber, Alte Oberammergauer Hauskunst 1930; Rudolf Kriß, Volkskundliches aus altbayerischen Gnadenstätten, 1931.

### Heimatmuseen

Otto Lehmann, Die volkskundliche Aufgabe der Heimatmuseen. Museumskunde, Neue Folge I, H. 2—4.

Wilh. Peßler, Das Heimatmuseum im deutschen Sprachgebiet als Spiegel der deutschen Kultur. München 1927.

Heimatmuseen, Wesen und Gestaltung. Namens der Staatlichen Stelle für Naturdenkmalpflege in Preußen herausgegeben von Walther Schönichen. Berlin 1928.

# SACHREGISTER

1. Zimmermannsarbeit (Heustadel aus Heilham in Oberbayern). 1842

2. Kratzputzornamente aus Sichertshausen, Hessen. 19. Jahrhundert

3. Fachwerkornamente aus Bienfeld in Unterfranken. 17. Jahrhundert

4. Hoftor in Steinhauerarbeit aus Unterfranken

5. Tür eines hessischen Bauernhauses von 1834

6. Oberbayrische Bauernstube

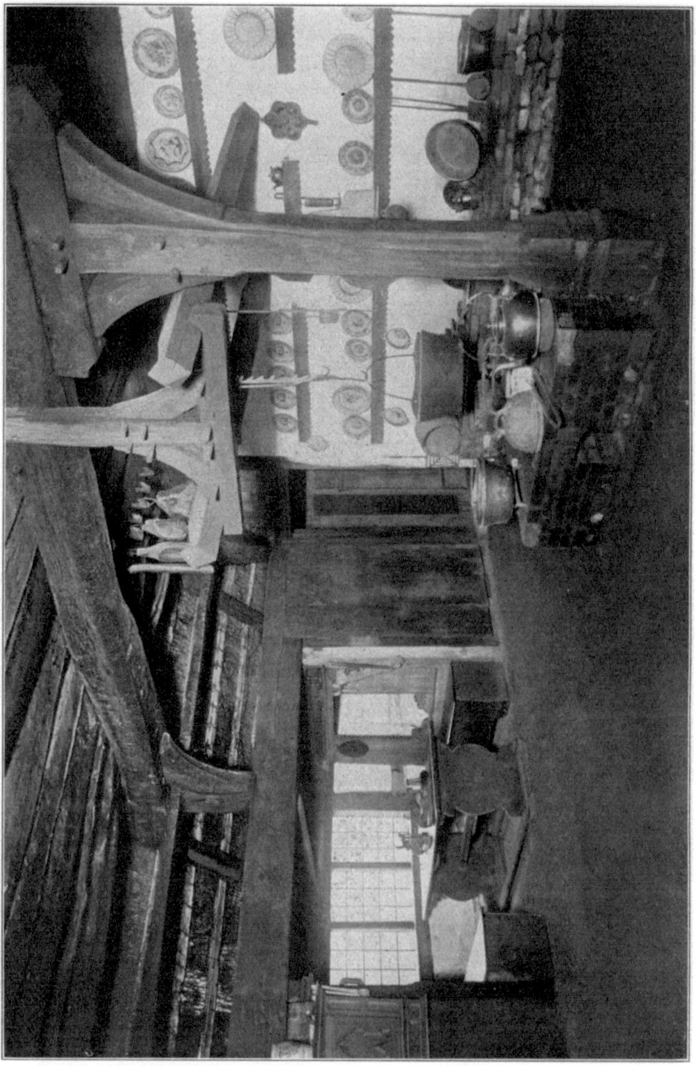

7. Niedersächsische Diele mit Flett

8. Wohnstube aus der Wilstermarsch. 1759

9. Elsässischer Schemelstuhl im Flachschnitzerei. 1767

10. Pommerscher Schemelstuhl mit bunter Bemalung aus Jamund. 19. Jahrhundert

11. Rot bemalter Pfostenstuhl (Brautstuhl) aus der Schwalm (Hessen). 1856

12. Gedrechselter und geschnitzter Armsessel aus Schleswig-Holstein. 1731

13. Geschnitzte Stuhllehne aus Danzig. 1795

14. Bemalte Stuhllehne aus Jamund. 1837

15. Giebelbett aus Niederösterreich. 1785

16. Baldachinbett aus Schlesien um 1800

17. Geschnitzte niedersächsische Stollentruhe. 1719

18. Grün bemalter Schragentisch aus dem Memelland
19. Jahrhundert

19. Bemalte Sockeltruhe aus dem Alpachtal, Tirol. 1800

20. Rot bemalter Stützentisch aus dem Alten Lande bei Hamburg
19.Jahrhundert

21. Bemalter Schrank aus Sachsen. 1789

22. Geschnitzte und bemalte Anrichte aus Ostfriesland. 1767

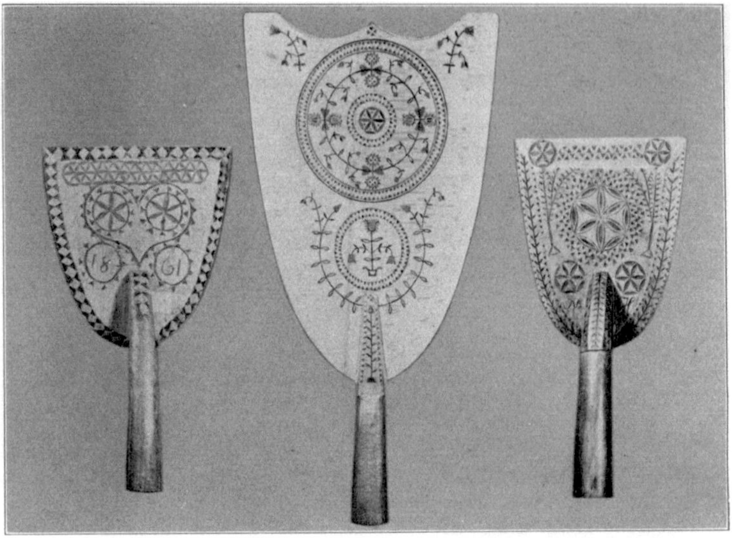

23. Flachsschwingen aus Mönchsgut (Rügen), Kerbschnitt mit grünem und rotem Wachs ausgelegt

24. Schlesische Spanschachtel (Brautschachtel) mit Darstellung der Brautbitter

25. Griff eines Mangelbrettes aus Hannover mit reicher Kerbschnitzerei

26. Trüherl (zum Aufbewahren von Geld, Schmuck usw.) mit Kerbschnitzerei aus Tirol. 1760

27. Kuchenformen aus Salzburg. 1843

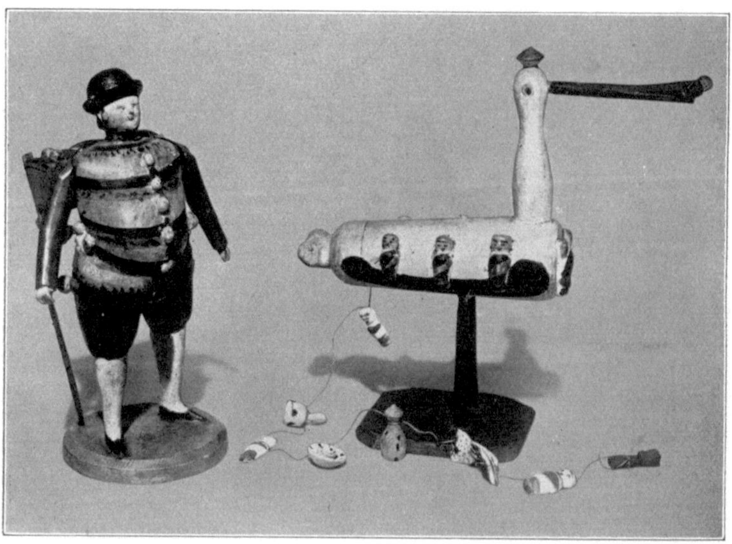

28. Kindermann und Storch, Figuren aus einer schlesischen Brautgabenschachtel. 19. Jahrhundert

29. Weihnachtsgebäck aus Ulm, heutige Arbeit

30. Weihnachtsleuchter aus dem Erzgebirge, heutige Arbeit

31. Kruzifix, Berchtesgadener Schnitzerei
Anfang 19. Jahrhundert

32. Passionskrippe aus Brietzig in Pommern 1x1 m (1872)

33. Leuchter-Engel aus Oberammergau

34. Maske vom Nikolausspiel in Imst (Tirol)

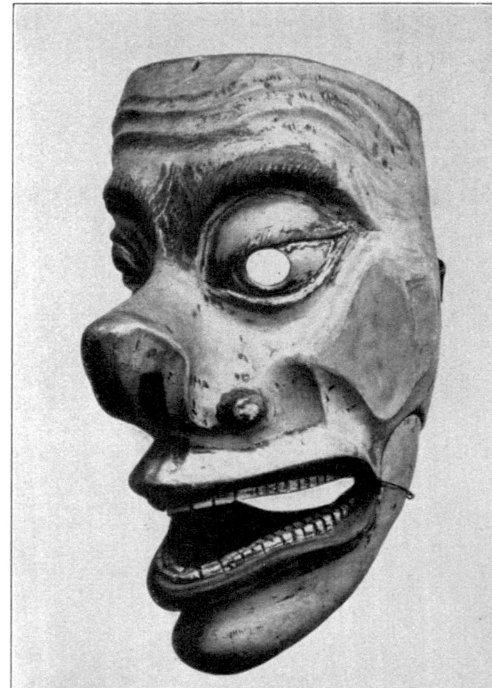

35.Perchtenmaske aus Tirol

36. Bienenstöcke aus Höfel, Kreis Löwenberg in Schlesien

37. Geschriebener und bemalter Patenbrief aus Altenheim (Bayer) 1831

38. Spitzenbild, Papierschnitt, aus Bayern. 18. Jahrhundert

39. Votivbild aus Tirol, zum Dank für Bewahrung vor einer Viehseuche gestiftet. 1743

40. Hinterglasbild aus Salzburg. Um 1800

41. Netzstickerei an einem Bettlaken aus der Schwalm (Hessen). 19. Jahrh.

42. Bestickte Paradehandtücher aus Schleswig. 18. Jahrhundert

43. Damastleinenweberei (blau-weiß) aus dem Spreewald (Bettvorhang)

44. Blaudruckstoff aus Hesen (Bettdecke)

45. Seidenstickerei von einem Schultertuch a. d. Weizacker (Pommern). 19. Jahrhundert

46. Teilstück eines schlesischen Teppichs in Stickerei und Aufnäharbeit (Fleckelteppich). 1789
Mit Darstellung des Kainopfers und des Sündenfalls

47. Kammtasche aus der Propstei in Holstein

48. Gewebte Kissenplatte aus Nordfriesland

49. Schlesische Barthaube
19. Jahrhundert

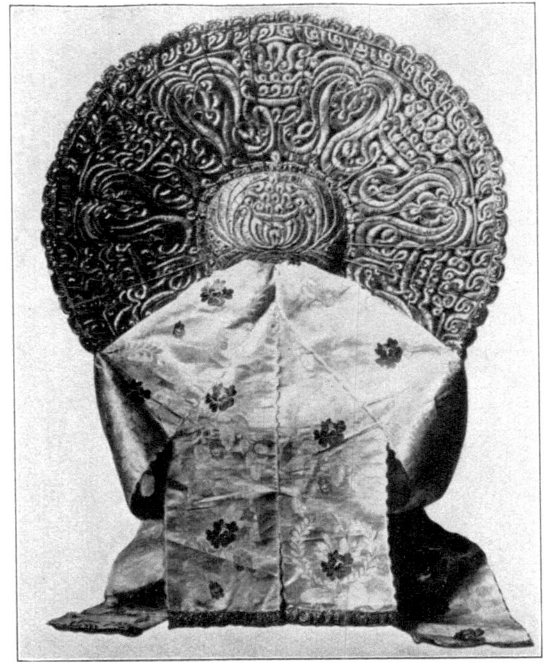

50. Schwäbische Radhaube in Goldstickerei
19. Jahrhundert

51. Kommunikantinnen mit Firmungskränzen aus dem Kinzigtal im Schwarzwald. 1928

52. Mädchen in Kirchentracht aus der Gegend um Bistritz, Siebenbürgen. 1930

53. Krug in Durchbrucharbeit aus Kröning (Bayern). 1914

54. Prunkwaschbecken aus Schlesien Anfang 19. Jahrhundert

55. Essentrage (Braut genannt) mit farbiger Auflegearbeit aus dem Spreewald. 1862

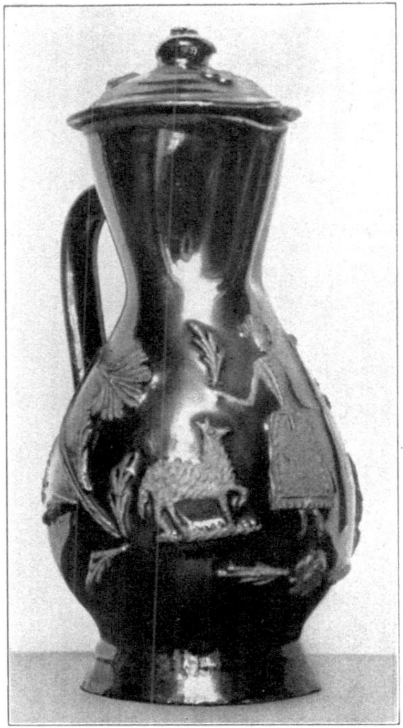

56. Bunzlauer Kaffeekanne. Um 1800

57. Hessische Kaffeekanne. Heutige Arbeit

58. Steinzeugkrug aus dem Westerwald. 19. Jahrh.

59. Bemalter Teller aus Lüneburg
1728

60. Bemalter Teller aus Nassau
19. Jahrhundert

61. Geritzter und bemalter Teller aus der Propstei (Holstein). 1762

62. Reliefschüssel aus Issum (Niederrhein) 1767

63. Ofenkachel aus Siebenbürgen. Um 1800

64. Spielzeug aus Heimberg, Schweiz. 1929

65. Tonrelief aus dem Spessart
Töpfermeister Ohnhaus in Schöllkrippen). 1930

66. Bemalte Schnapsflasche aus Siebenbürgen

67. Bemaltes Glas aus Schlesien

68. Vor der Lampe geblasene Glasfiguren aus Lauscha in Thüringen
Heuteige Arbeit

69. Gravierte Zinnkanne aus Brandenburg

70. Thüringer Bierkrug, Holz mit Zinn beschlagen

71. Zinnfiguren (der Alte Fritz) aus der Hilpertschen Gießerei in Nürnberg. 1777

72. Kupferkessel mit Treibarbeit „Reineke Fuchs“ aus Westfalen

73. Eiserne Opfergabe für den heiligen Leonard, Bayern

74. Eisernes Zunftzeichen aus Bayern

75. Schmiedeeiserne Grabkreuze aus Österreich

76. Brautkrone aus Überlingen am Bodensee

77. Schwäbische Florschnalle (Silberfiligran)

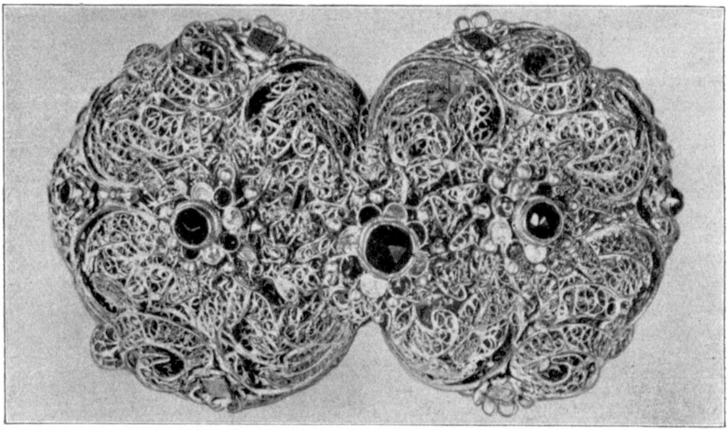

Die GPS-Daten zu jeder Tour gibt es auf
www.droste-verlag.de

**© 2022 Droste Verlag GmbH, Düsseldorf**
**Konzeption/Satz:** Droste Verlag, Düsseldorf
**Einbandgestaltung:** Britta Rungwerth, Düsseldorf, unter Verwendung von Bildern von © Fotolia.com: Andrey Kuzmin, undrey, dabost, niroworld; © Daniel – stock.adobe.com
**Fotos:** Barbara Bross-Winkler, außer: S. 116: Paramjeet Gill; S. 120: rkbox – stock.adobe.com; S. 162: Marian – stock.adobe.com; S. 164: Naturpark Stromberg-Heuchelberg; S. 187: Charlotte Fischer
**Karten:** Thorsten David, Bochum
**Druck und Bindung:** LUC GmbH, Greven

Alle Angaben in diesem Buch wurden sorgfältig recherchiert und geprüft. Für die Richtigkeit der Angaben, für etwaige Unfälle und Schäden jeglicher Art kann keine Haftung übernommen werden; die Nutzung erfolgt auf eigenes Risiko. Abweichungen, die nach Redaktionsschluss erfolgten, konnten nicht mehr berücksichtigt werden. Hinweise und Änderungen nehmen wir gern entgegen.

FSC www.fsc.org MIX Papier aus verantwortungsvollen Quellen FSC® C011279

ISBN 978-3-7700-2327-1
**www.droste-verlag.de**